753 Up Styling TADAO ARAI

preface

少女のフォーマルデビューである［七五三］をテーマに、アップスタイルをまとめました。
本格的な新日本髪からイメージソースとしてのオリジナルスタイルまで、バリエーションも幅広くとらえてあります。
手順も技法も、その本質は大人のアップと同じ。幼い人をきれいに飾ってあげられる喜びは、
美容師としての深い満足につながるはずと信じています。

新井唯夫

contents

first stage	orthodox style	004 *page*
	正統派　本格的新日本髪のお支度	
	step by step	029 *page*
	新日本髪の作り方	
second stage	modern style	062 *page*
	いまどき派　モダンなアップスタイル	
	step by step	079 *page*
	モダンなアップスタイルの作り方	
	dress up style	098 *page*
	ドレス派　ダウンスタイルも華やかに	
	basic technique	104 *page*
	この本の基本技術をまとめました	
final stage	original style	112 *page*
	少女のフォーマルへの夢をこめて	
	credit & shop list	126 *page*

orthodox style

first stage

鬢の張り、髱のまるみ、線と面の美しさ。正統派の新日本髪には、
日本の少女の美しさを際立たせる、独特の魅力が満ちあふれています。
かわいらしさの中に、格式と緊張感、晴れがましさがそえられて
一生の思い出にふさわしいステータスの高いお支度です。

| first stage orthodox style

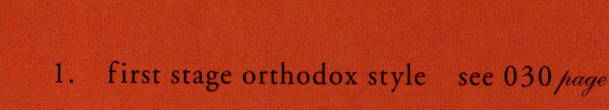
1. first stage orthodox style   see 030 *page*

first stage orthodox style

2. first stage orthodox style   see 034 *page*

010 011　first stage orthodox style

first stage orthodox style

3. first stage orthodox style   see 038 *page*

4. first stage orthodox style   see 042 *page*

5. first stage orthodox style   see 046 *page*

018 019 | first stage orthodox style

6. first stage orthodox style   see 050 *page*

7. first stage orthodox style   see 054 *page*

first stage orthodox style

8. first stage orthodox style see 058 *page*

first stage orthodox style

目でよく見つめて、心で感じよう。

新日本髪はむずかしくはありません。まずはスタイルをじっくり見つめること。整った面のきれいさ、動きと量感のバランス、上昇する線の美しさ。シンメトリーな形のもつ、調和のとれた安定感。どこを大切に決めれば、そのスタイルのグレードが高くなるのかを見きわめる目を育てましょう。目が成長すると、感じる力も研ぎ澄まされていきます。

手を動かしてから、頭で考えよう。

見ているときにはむずかしそうに感じられたものが、プロセスを追いながら、技術を分解していく写真を見て解説を読むと、なんだか、やれそうな気になってくると思います。それがはじめの一歩。次はもう考えないで手を動かしましょう。結う仕事は、自然の重力に逆らうことがさけられません。どうしたら、この重力を手なづけられるのか。考えるのはそれからです。

step by step
orthodox style

ついてくる人が、みんな上手になれるよう、細かいディテールも大切にプロセスを追いかけています。写真を見ながら解説を読んで、イメージがつかめたら、すぐにはじめてください。典型的な技法を、自己流を一切入れないでできるまでやりぬくことが上達への唯一の秘訣。ぼくの上手」をよく見てついてきてください。

| step by step　　first stage orthodox style

サイドは斜めに
取り分けて、
基本の一束を作る

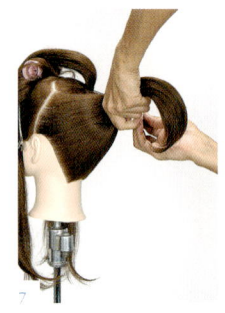
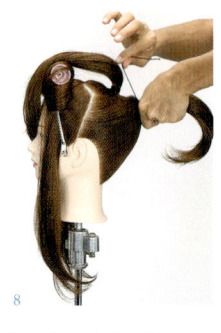

1 耳前からトップを結ぶ線でブロッキング。高い位置に根を作り、前髪はホットカーラーで巻いたままにしておきます。2 根の下に三角形のすき毛をとめつけ、3 根元付近に逆毛を立て、4 表面を整えてから、裏側からとかしながら持ち上げます。5・6 コームでしっかりとかし上げ、左手でしっかり毛束全体をつかみ、7 コームテールで浮きがないように押さえ、8・9 ゴムを3〜4周させてしっかり結びます。

1. orthodox style

006 page

大ぶりなシニヨンに
小ぶりなプチシニヨンをそえた
新日本髪の典型

左手の親指と
人差し指の
位置に注目を

真横に平行に引いてから、
一気に引き上げる

10 左サイドから毛束を取り分け、11 根元に逆毛を立て 12 アメピンを差して、すき毛の土台を作ります。13 すき毛をとめつけ 14 サイドの毛流れを整えて、15 すき毛の上に毛束を平行に置き、下から見えるすき毛をコームで押し入れ、16 左手で表面を支えながら、コームで毛束を平行に引き、17 左手人差し指で押さえて一気に引き上げ 18 アメピン2本でしっかりとめつけます。19 毛束をねじってピンでとめ 20・21 残った毛先は指先にクルクル巻きつけループ状にしてオニピンでとめます。

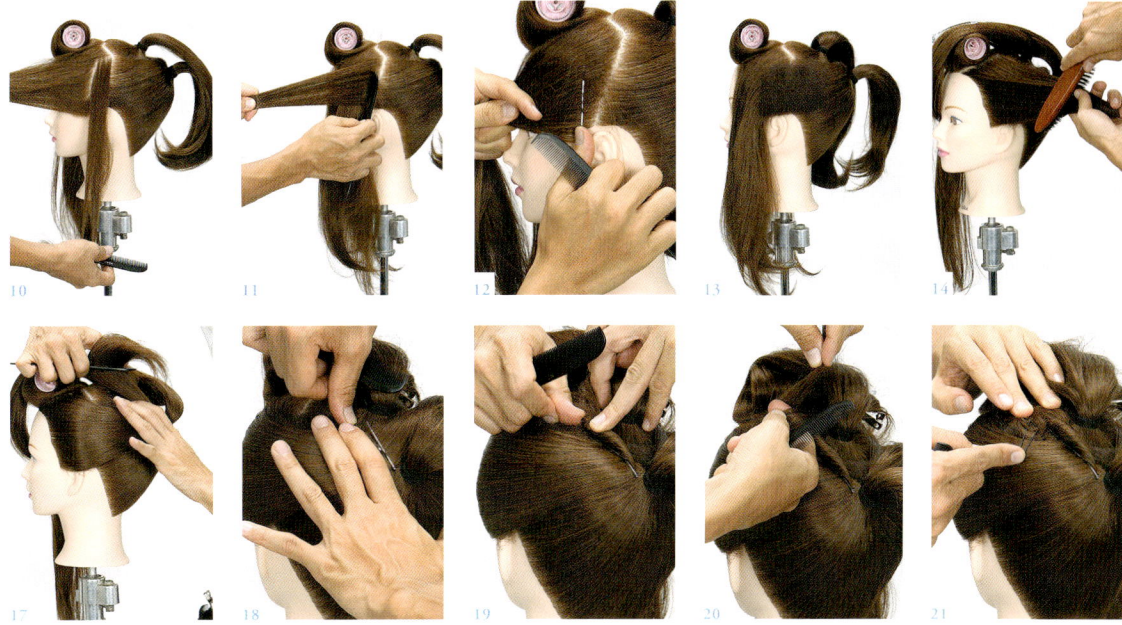

22 毛流れを整えてから、平行に引き、23 コームテールですき毛をかくし 24・25 面と形を支える左手をそえながら、さらに引き 26 左手親指を内側に入れ、人差し指の側面で押さえて一気に引き上げ、27 アメピンでとめ 28 毛束をねじってアメピンでとめ、毛先はループ状にまるめてオニピンでとめます。29 左右対称になっていることが大切です。

 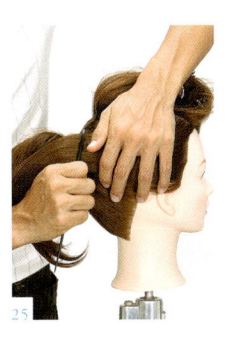    

30

31

32

33

34

ふっくらまるく、
高さのある前髪を作る

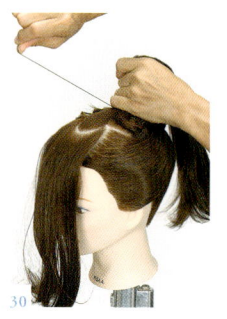

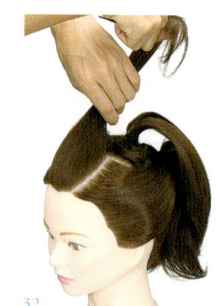

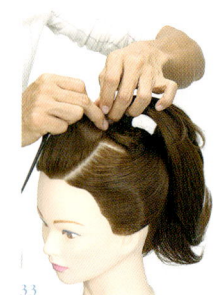

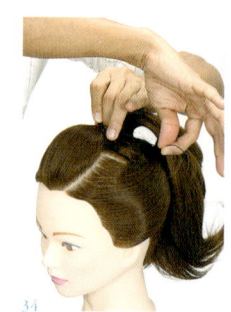

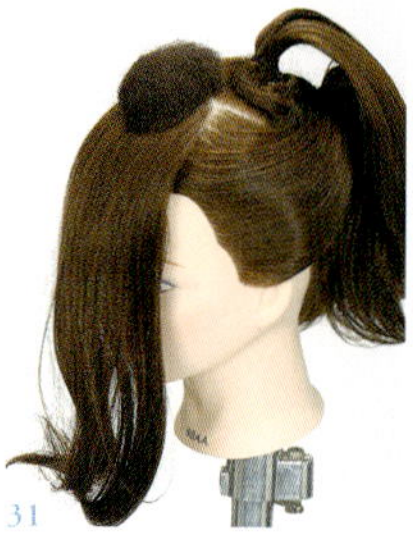

30 前髪を2つに分け、根と一緒に結び、31 丸く小さく作ったすき毛をとめつけ 32 下ろしておいた前髪をすき毛の上にかぶせ、33・34形を整えてゴムを3〜4周させてしっかり結び、35 もう一か所ゴムで結び、ピンでとめます。

プチシニヨンはバランスのよい量感で

43

44

45

46

47

48

49

50

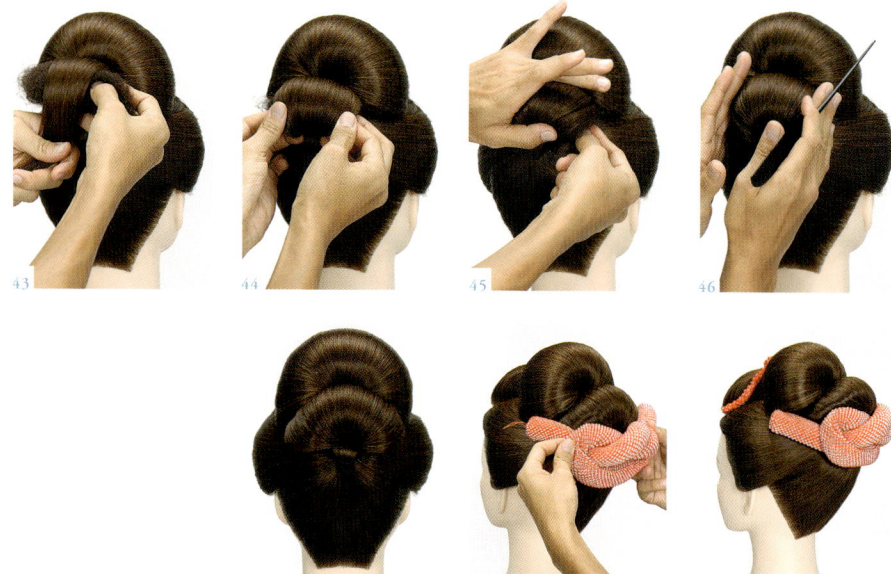

43 一束の毛束の中間に細く小さく作ったすき毛を巻きつけ、44 毛束の両端を薄く指先でつまんで、徐々に広げてすき毛をおおいます。45 すき毛をたくし込んでピンでとめ、46 形を整え、47 表面の毛流れを整えます。48・49 前髪、大小のシニヨンのバランスを確認し、鹿の子でゴムを隠すように飾り付けます。

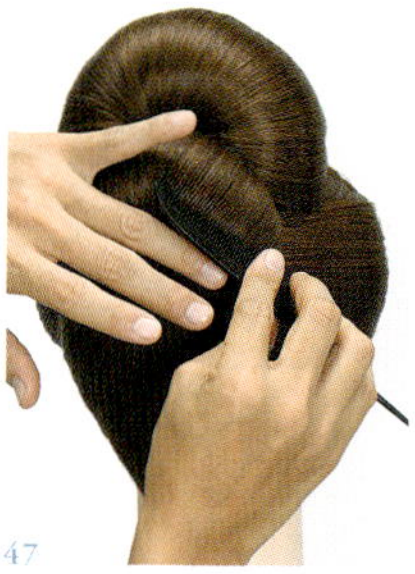

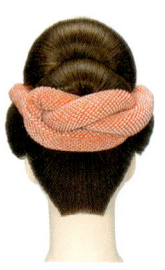

シニヨンを
スーっと広げる
リズムとタイミングを
覚えよう

36・37 すき毛を根の毛束の中間におき、前に巻きつけてから 38 根の上におき、39・40 毛束の両端を薄く指先で持ち、すき毛をおおうように、少しずつ広げます。41・42 コームテールですき毛をたくし込み、オニピンでとめます。プチシニヨンも手順は同じ。とめつける位置の違いだけ。

仕上がり

きっちり基本の一束

2. orthodox style

008 page

ひとみの輝きを際立たせる
一線のバングに
鬢の高さをそろえて

左サイドは
左手を
下からそえて

右サイドは
左手で上から支える

 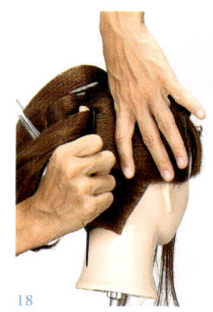  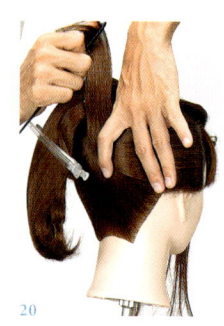 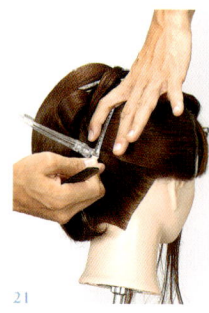

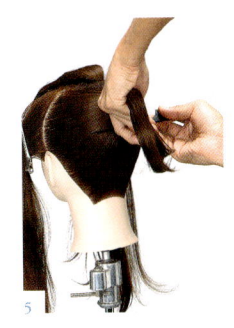

1 バングの上に前髪分を取り分け、耳上からトップを結ぶ線でサイドをブロッキング。高い位置に根を作ります、2 根の下に三角形のすき毛をとめつけ、3 ブラシで表面の毛流れを整えながら、毛束を引き上げ、4 コームでとかしてさらに引き上げ、左手で毛束をしっかりつかみ、5 コームテールで表面の浮きを押さえてなめらかに整え 6 ゴムを3～4周させてしっかり結びます。

7 サイドの毛束を薄く取り分け、根元に逆毛を立てアメピンでとめて土台にし、8 左右均等にすき毛をとめつけます。9 表面をブラシで整えながらすき毛にかぶせ、10 コームで平行に引き、形と面を支えるために左手をそえながら、さらに引き 11・12 毛束にそえた左手の人差し指を起点に徐々に上に引き上げ、13 一気にコームを引き抜きます。14 一束の位置でアメピン2本で固定し、15 毛束をねじり上げ、アメピン2本でとめ、16 残った毛先はループ状にまるめて、オニピンでとめます。

17 ブラシとコームで毛流れを整えてから、すき毛の上にコームで平行に引き、18 面と形を支える左手をそえてさらに引き、19 左手人差し指で押さえた部分を起点に徐々に毛束を引き上げ、20 さらに引き上げて一気にコームを引き抜き、21 ダッカールで仮どめし、バランスを調整してから、アメピン2本でしっかり固定して 22 毛束をねじり上げてアメピンでとめ、残った毛先はループ状にまるめてオニピンでとめます。左右対称になっていることが大切です。

step by step　first stage orthodox style

ゴムを使わない
小ぶりな前髪

23 前髪を前に引き出し、根元に逆毛を立て 24 丸くて薄いすき毛をとめつけ、25 コームで表面を整えながら毛束をすき毛にかぶせ、26 形を整えて 27・28 アメピンでとめつけます。29 残った毛先はループ状にまるめて、根の横にオニピンでとめつけます。

鹿の子の
量感も
スタイルの一部

幅広いシニヨンの
広げ方の
コツをつかもう

30 根の毛束の中間にすき毛を置いて前に向かって巻きつけ 31 前髪の後ろにおいて、シンメトリーになるように位置を決め、32 すき毛の形を整えながらアメピンでとめつけます。33・34・35 毛束の両端を指先でつまみ、少しずつ、すき毛をおおうように広げ、36 コームで表面をシェーピングして整え、37 すき毛をコームテールでしっかりたくし込みます。

38・39 細い鹿の子（ちんころ）で根元を結んでゴムを隠し、毛束を2つに分けます 40・41 シニヨンの後ろに結んだ鹿の子を置き、2つに分けた毛束をそれぞれ斜めに鹿の子の下からまわし、42・43 鹿の子の上にしまいこんでピンでとめます。

仕上がり

| 038 039 | step by step   first stage orthodox style

奥行きの深い
髱(たぼ)を作るために、
根と一束にする

3. orthodox style
012 *page*

いったん下げてから
上昇する鬢(びん)は、
少女をおとなっぽい表情に

いったん下げてから、上昇していくライン

15 根元に逆毛を立て、16 アメピンを差して土台にし、17・18 左右対称にすき毛をとめつけます。19 表面の毛流れを整え、毛束をすき毛にかぶせてコームでやや下向きに引き、20 左手で形を支えながら今度は平行に引き、21 左手人差し指で固定しながら、右手のコームをゆっくり引き上げ毛先まで一気に抜いて、残りの毛束はねじり、毛先はループ状にまるめて、オニピンでとめつけます。

1 耳前からトップを結ぶ線でブロッキング。高い位置に根を作り、前髪は馬蹄形に取り分けてダッカールでまとめておきます。2・3 根元に逆毛を立て、4・5・6 三日月型のすき毛をとめつけ、7 内側からブラシで全体を持ち上げ、8 表面の毛流れを整えながら、コームで根の高さまで引き上げ、9・10 左手人差し指と中指で毛束をはさみ、11 さらに引き上げてコームを引き抜き 12 毛束を右手に持ちかえて、13 すき毛の上にしっかりのせ、きっちり押さえつけて 14 仮どめし、根と一緒にゴムで結びます。

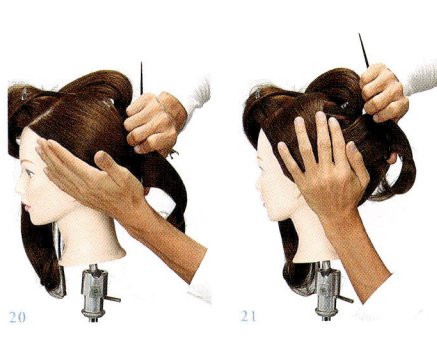

右サイド作りは、左手の人差し指の位置に注目を

22 表面を整えてコームで毛束をやや下向きに引き、23 整えた面と形を左手で支えながらさらに引き 24 左手人差し指側面で固定して引き上げ、一気にコームを引き抜き 25・26 毛束を左手に持ちかえて、コームで押さえてねじり、アメピンでとめます。27 毛先はループ状にまるめて、オニピンでとめます。

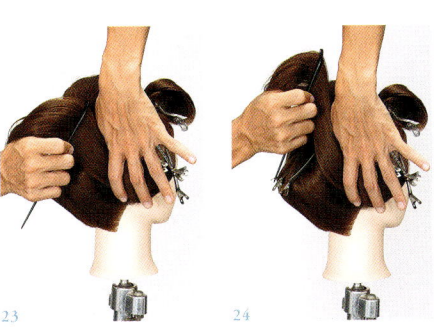

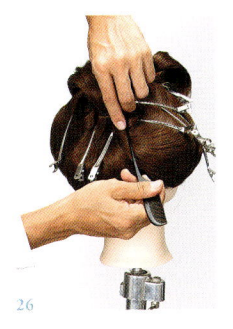

| 040　041 | | step by step　　first stage orthodox style |

まるくて
高さのある
前髪

シニヨンの表面を手のひらでシェープ

36 一緒にしておいた根と一束を分けて、37 根の根元に逆毛を立て、38 毛束の中間にすき毛を置いて前に巻き込み、39 根の前に置き 40・41 毛束の両端をつまんですき毛を包み込むようにゆっくり広げ、42 オニピンでとめます。43 手のひらでシェープしながらコームテールを差し込んですき毛を持ち上げ、シニヨンの表面をなめらかに整えます。

かざりつけ

44 平鹿の子で小さく作ったすき毛を包み、45 根の下におき、毛束で巻き込んで、毛先は鹿の子の下に入れ込みます。46 鹿の子の両端をピンでとめ、47 たぼの表面を整えます。でこぼこしていたらコームテールを差し込んですき毛を持ち上げてなめらかな面を作ります。

28 根元に逆毛を立て、29 アメピンを交差させて土台にし、30 まるく作ったすき毛をとめつけます。31 前髪の毛流れをコームでシェーピングして整え、すき毛を包み込み形を整えて 32 ゴムで2か所結びます。33 鏡で高さを調節してピンでとめ、34・35 毛先はループ状にまるめて根の前にとめます。

仕上がり

根と一束を
合わせて
束ねる

4. orthodox style

014 page

高さを強調するシニヨンは
かわいらしさの中に凛とした印象を

20 右サイドも、ブラッシングとシェーピングで毛流れを整えてから、すき毛の上に平行に引き、21 左手をそえてさらに引き 22・23 左手親指を内側に入れ、人差し指側面でしっかり押さえてコームで引き上げ、24 仮止めしてからアメピンで固定し、毛束をねじり上げて、左サイドと同じようにピンでとめ、残った毛先はループ状にオニピンでとめます。25 硬いスプレーを振って固定を強化します。

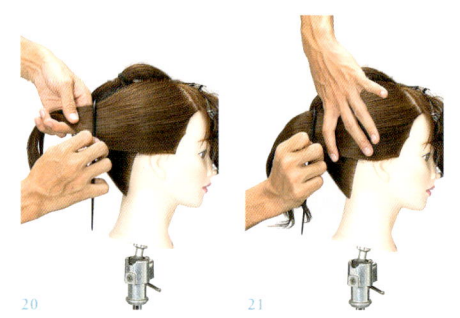

左手人差し指側面に力をこめて

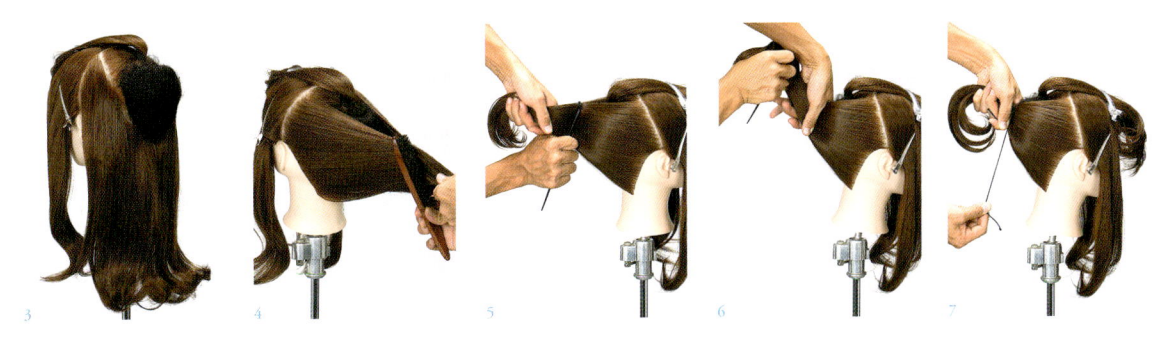

1 前髪を三角ベースで取り、短いバングとともにダッカールでまとめておき、耳上からトップを結ぶ線でサイドをブロッキング。2 高い位置で根を作り 3 三角形のすき毛をとめつけます。4 ブラッシングしながら毛束全体を持ち上げ、5・6 コームでしっかり表面を整えながらさらに引き上げ、左手でしっかりつかみ、7 ゴムを3～4周させてしっかり結びます。8・9 結んだ毛束を前に倒し、根と一緒にゴムで結びます。

左手のもっていき方を覚えよう

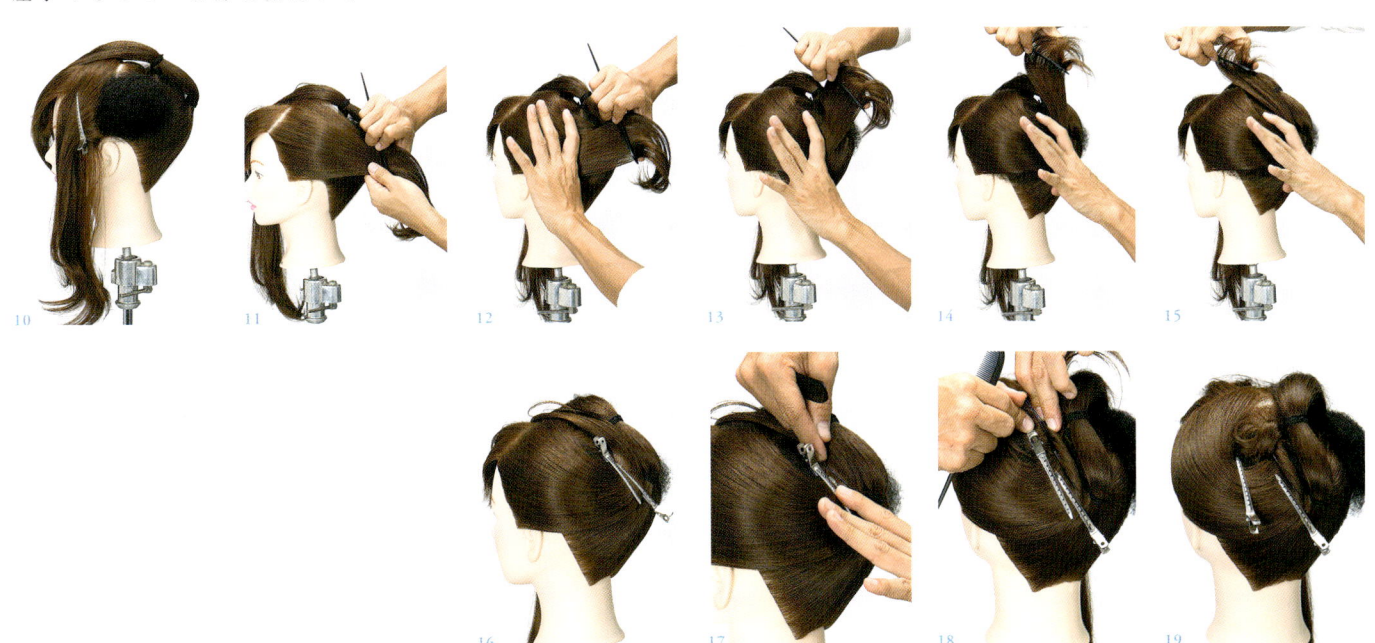

10 両サイドに均等にすき毛をとめつけます。11 ブラッシングとシェーピングで毛流れをきちんと整えてから、すき毛の上に平行に毛束を引き、12 形と面を支える左手をそえて、さらに引き 13・14 左手人差し指で押さえて上に持ち上げ、15 左手人差し指を起点に、一気に毛束を前に引いてコームを引き抜きます。16 ダッカールで仮止めし、17 アメピンで上下からしっかりとめつけます。18 毛束をねじり上げ、アメピンで固定し 19 残った毛先はループ状にまるめてオニピンでとめます。

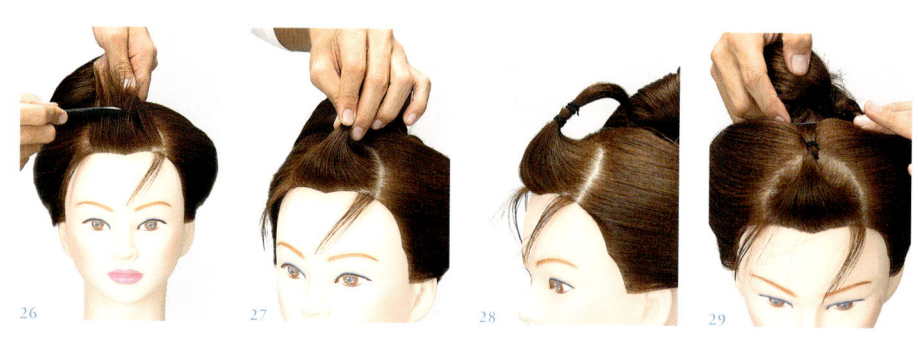

| step by step　　first stage orthodox style

26　27　28　29

すき毛を使わない小ぶりな前髪

26 短い前髪の表面を整えながら、コームでとかし上げ、27 前髪の形をつくり、28 前髪の長さにあわせた位置で1か所、その先の1か所をゴムで結びます。29 根の近くに、アメピンでとめておきます。

35　36　37

仕上がり

30 根と一束をあわせた毛束を持ち上げ、根元に逆毛を立てて前に倒します。31・32・33 その上に、太めに作ったすき毛を置いてネジピンで固定し、34 毛束の表面を整えてすき毛の上に乗せ、35・36 毛束の両端を薄く指先でつまんでそっと広げて、37 表面をコームでシェービングし、38 すき毛を隠すように広げ、39 表面をダッカールで仮どめして、コームテールでシニヨンの形を整えます。40・41・42 残りの毛束を結び目の上でまとめて、毛先はシニヨンの中に入れ込み、オニピンでとめます。43 毛束をコームの歯先で広げてゴムの結び目を隠します。

高さを強調する
シニヨンの
広げ方を覚えよう

44・45 前髪の生え癖に合わせて、上がらない部分は無理に上げないで、額にそわせて形よくアクセントにします。46・47 細い鹿の子（ちんころ）でゴムの結び目を隠します。

仕上げ

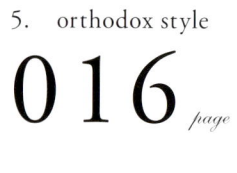

5. orthodox style
016 *page*

シニヨンにカールで
華やかさを添える新日本髪の定番

18 サイドの毛束をやや上向きに引き、すき毛をコームテールで入れ込みます。19 形と面を左手で支えながらさらに引き、20 左手親指を内側に入れ込み、人差し指で固定して、毛束をコームで徐々に引き上げ、21 そのまま前方にコームを抜いていきます。22 根の側面にアメピンで上下に平止めして、23 ねじり上げてアメピンを上から差してとめ、24 残りの毛先はクルクル指に巻きつけてループ状にし、25 オニピンで固定します。

サイド右は
左手のもっていき方に
注目を

基本の一束にひと手間プラス

1 前髪用にバングの上を取り分け、サイドは耳上からトップを結ぶ線でブロッキング。高い位置に根を作ります。2 三角形のすき毛をとめつけ、3 ブラッシングとシェービングで毛流れを整えてから、コームで左側からしっかり引き上げ、4 さらに右側からしっかりかませて 5 基本通りにゴムで一束に結びます。6 一束を結んだゴムの先を結んで輪にして 7・8 根の毛束を通してつなぎます。

ねじってループにして毛先をおさめる

9 すき毛をとめつけ、10・11 サイドの毛流れを整えてから、やや上向きに引き、面と形を支えるために左手をそえてコームで引き上げ、12・13 左手人差し指でしっかり押さえて、さらに前に引き、コームを抜きます。14 上下にアメピン2本でとめ、15 ねじり上げてアメピンを上から差してとめ、16 残った毛先は指にクルクル巻きつけてループ状にし 17 オニピンでとめます。

| 048 049　　step by step　　first stage orthodox style

小ぶりで高さのある前髪

シニヨンの毛先は
根の後ろに
集める

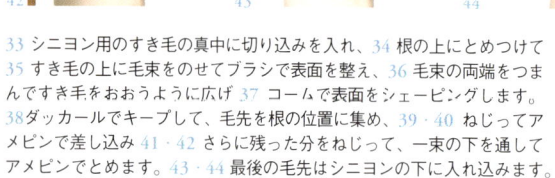

33 シニヨン用のすき毛の真中に切り込みを入れ、34 根の上にとめつけて 35 すき毛の上に毛束をのせてブラシで表面を整え、36 毛束の両端をつまんですき毛をおおうように広げ 37 コームで表面をシェーピングします。38 ダッカールでキープして、毛先を根の位置に集め、39・40 ねじってアメピンで差し込み 41・42 さらに残った分をねじって、一束の下を通してアメピンでとめます。43・44 最後の毛先はシニヨンの下に入れ込みます。

カール　45

26 取り分けておいたトップの毛束を2つに分け、27 アメピンでとめて土台を作り、28 小さくまるめたすき毛をとめつけます。29 すき毛に毛束をかぶせて形を整え、ゴムで結び、30 オニピンを差して固定します。31 残りの毛先は根と一緒にして、さらにもう1か所ゴムを巻いて 32 ゴムの結び目を移動させて、毛束を前に倒します（毛束曲げゴム止め）。

仕上がり

45・46 毛束を持ち上げ、コームの先で少しずつ逆毛を立てながらかき出します。47 薄くかき出した毛束をコームテールでバランスよく調整し、48 少量のワックスをつけたブラシで毛先の表情を出します。49 バングの毛流れをワックスをつけたコームで整え、50 平鹿の子をオニピンでとめて仕上げます。

step by step　　first stage orthodox style

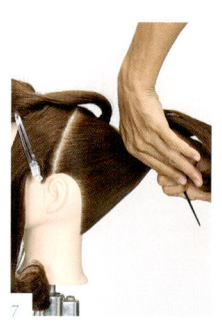

きちんと基本の一束

1 前髪を取り分けて、サイドは耳前からトップを結ぶ線でブロッキング。2 コームの歯先でアウトカーブに取り分け、3 高い位置にゴムで3〜4周結んで根を作ります。4 三日月型のすき毛をとめつけ、5 ブラッシングとシェービングで、毛流れを整えながら毛束を持ち上げ、コームで下からしっかりとかし上げ、6 コームをかませて右手でしっかりと持ち、7 左手で上からつかみます。8 ゴムを3〜4周させてしっかり結びます。

6. orthodox style
018 page

ふっくらとした頬には
本格新日本髪の
まるい鬢(びん)がよく似合う

左手人差し指が
ポイント

左手人差し指の力のこめ方をマスターしよう

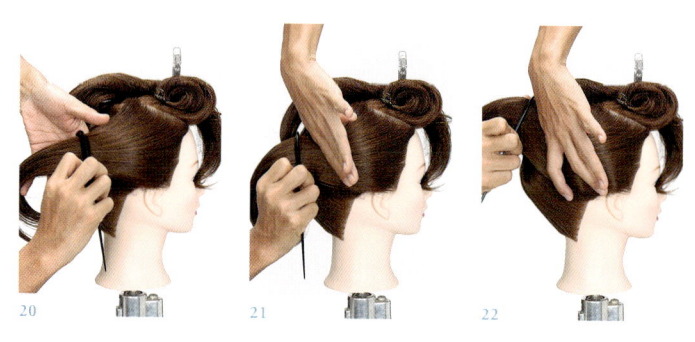

9 横長のすき毛を左右対称にとめつけ 10 ブラッシング&シェーピングで毛流れを整えてから、すき毛の上にやや下向きに毛束を引き 11 整えた形と面を左手で支えながらさらに平行に引き、12 根の位置で左手で押さえながら徐々にコームで引き上げて 13 さらに一気に毛先までコームを抜きます。14 テールで押さえて、左手ですき毛を入れ込み、15 根の位置にアメピンでとめます。16 毛束をねじり上げて上からアメピンを差してとめ、17 毛先は指に巻きつけて 18・19 ループ状にして、根の横にすき毛の上にオニピンでとめます。

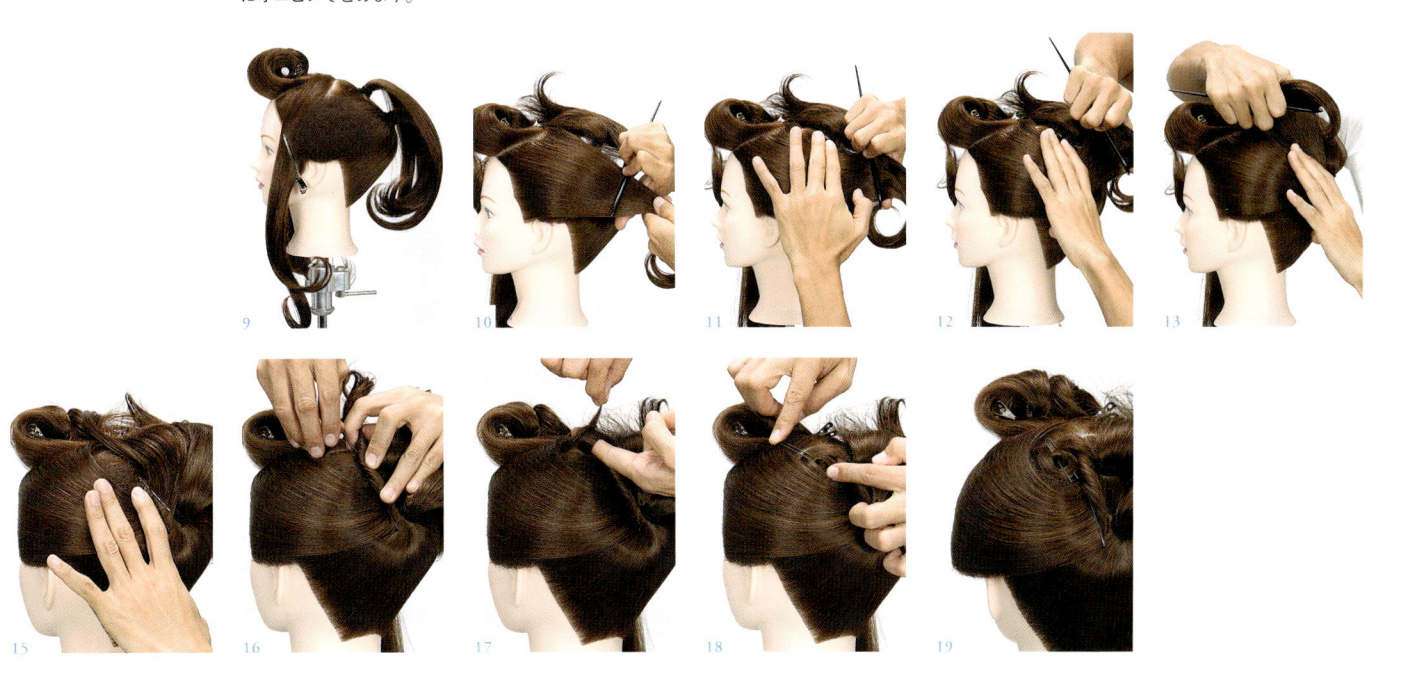

20 毛流れを整えてから、すき毛の上に毛束をやや下向きに引き、21・22 左手をそえてさらに引き、23・24 左手の親指と人差し指で面と形を支えながら毛束をコームで引き上げ、毛先まで抜きます。25 ダッカールで仮どめし、26 アメピン2本でしっかりとめます。27 ピンの上をコームテールでおさえながら毛束をねじり 28 左サイドと同様に、毛先はループ状にまとめてオニピンでとめます。

| 052　053　　　step by step　　first stage orthodox style

すき毛を入れないで、
ふっくら弾力のある
前髪を作る

表面シェープは繊細に

かざりつけ

46・47 一束のゴムの上にもう1か所ゴムを結び、毛束を前に倒します。48 土台の上に鹿の子を置いて、両端をネジピンでとめ、毛束をかぶせて広げ 49 鹿の子の下に毛先を集めてピンでとめます。50 テールで表面をなめらかに整えて仕上げます。

29 取り分けておいた前髪をブラシでとかし上げ、30 コームで表面の毛流れを整え、31 形を作り、高さを決め、32 ゴムで3〜4周まわしてしっかり結びます。33 もう1か所ゴムで結び、34 鏡を見ながら顔立ちに合わせて高さを調節して、35 アメピンでとめます。36 残った毛先を指に巻きつけ、37 ループ状にして根の下にオニピンでとめます。

38 根の毛束を持ち上げ、すき毛を中間に置き、後ろから巻きつけます。39 毛束の両端を軽くつまんで 40・41 ゆっくりとすき毛をおおうように広げます。42 コームで表面の毛流れを整え、43 両端のすき毛をたくし込んでオニピンでとめます。44・45 前髪とシニヨンの高さ、大きさのバランスを見てください。

仕上がり

| step by step　　first stage orthodox style

きちんと基本の一束

1 耳前からトップを結ぶ線でサイドをブロッキング。高い位置に根を作ります。サイドのフェースラインの毛束は少量取り分けて、シングルピンでとめておきます。2 根の下に、三角形のすき毛をとめつけます。3・4・5 上からも下からも、横からも、ブラッシング&シェーピングを繰り返して毛流れを整えながら、毛束を徐々に持ち上げ、6 右手のコームで引き上げた毛束を、左手親指の付け根でしっかりつかみ、7・8 ゴムを3〜4周させてしっかり結び、高い位置に一束を作ります。

7. orthodox style

022 *page*

上昇する造形的な
ラインを、シャープに決めて
ちょっと大人めな表情を

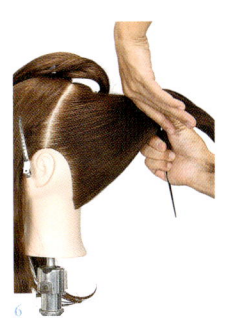

9 根の上に、横長のすき毛をとめつけ、10 左サイドの毛束を裏側からブラシで持ち上げ、左手でつかみます。シングルピンで取り分けたフェースラインの毛束は残しておきます。11 表面からよくブラッシングしながら、さらに引き上げ、12 コームテールですき毛を押さえながら、テンションをきかせ、すき毛の上に毛束をのせ 13 コームで、根に向かって毛流れを整えて引き、14 ダッカールで仮どめしておきます。

毛束は裏側から持ち上げる

テンションをきかせてシェーピング

15 右サイドの毛束も、裏側からブラシで持ち上げ、左手でつかみます。16 表面からよくブラッシングしながら、さらに持ち上げ、17 コームでシェーピングしながらさらに引き上げ 18 コームテールですき毛を押さえながら、すき毛に毛束をのせ、19 根に向かって引き上げながら表面の毛流れを整え、20 ダッカールで仮どめします。

| 056 057　　　｜　step by step　　first stage orthodox style

やさしい
手のひらシェープ

手首のスナップで小さなシニヨン

31 毛先からすき毛を巻きつけ、32 毛束の両端を軽くつまみ、33・34 すき毛をおおうようにゆっくりと毛束を広げます。35 コームテールで入れ込みながら形をつくり、36 指とコームで表面の毛流れとシルエットを整えます。37 表面のたるみやおくれ毛をコームテールですき毛の中に入れ込み、ディテールを整え、38 形が整ったら、オニピンで固定します。39 結んだ鹿の子をのせて、すき毛やゴムを隠しながら飾ります。40 フェースラインに残しておいた細いアクセントの毛束を、ワックスのついたブラシで整えて仕上げます。

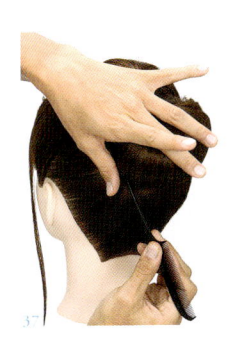

21 左右のサイドから集めて仮どめしてある毛束を一緒にして、22 仮どめをはずして、シェーピング。23 シェーピングしながらさらに引き上げ、24 高い位置でゴムで結びます。25 手のひらで表面をシェープし、26 コームテールを差し入れてすき毛を調整し、でこぼこをなめらかにします。27 表面の凹みを引きだして整え、28 きれいに整ったら、根と一緒にゴムで結びます。29 さらに、一束と一緒にしてゴムで結びます。30 両端に浮きがあれば、テールと指でシェープしてフィットさせます。

仕上がり

奥行きのある一束

8. orthodox style

024 page

鬢をタイトにして
高さと奥行きを強調する
クロスシニヨン

サイド右

20 ブラッシング&シェーピングで毛流れを整えてから、コームですき毛の上にやや上向きに毛束を引き、21 右手中指で土台の上に押さえて、左手で毛束を持ち、内巻きにねじって、22 一束の上側にピンでとめます。23 残った毛先は、一束の結び目の上を通って、24・25 左右から根を取り囲むようにループにして、オニピンでとめます。

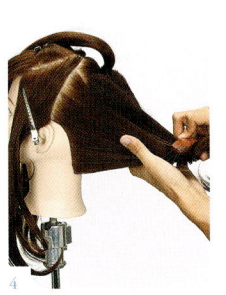

1 バングの上に前髪用に毛束を取り分け、耳後ろからトップを結ぶ線でサイドをブロッキング。2 高い位置に根を作ります。3 三日月型のすき毛をV字にとめつけます。4 ブラッシング＆シェービングで整えながら、内側から毛束全体を持ち上げ、5 さらに表面を整えながら徐々に持ち上げて、最後は、コームで一気に高い位置まで引き上げて左手でつかみ、6・7 ゴムを3～4周させてしっかり結びます。8・9 一束の毛束を前に倒して、ネジピンを差し、毛束の方向性を変えます。

薄めのすき毛でタイトな鬢を作る

10 サイドの毛束を分けとり、11 根元に逆毛を立て、12 左右対称に薄めのすき毛をとめつけます。13 ブラッシング＆シェーピングで毛流れを整えてから、すき毛の上にコームで毛束をやや上向きに引き、14 コームと指で毛束の形を整え、15 左手で支えながらさらに引き、16 左手人差し指で押さえながら、毛先までシェープし、17 毛束を右手ではさみ、18 左手で面をキープしながら、毛束を内巻きにねじります。19 一束の上にピンでとめます。

| step by step　　first stage orthodox style

26 　27 　28 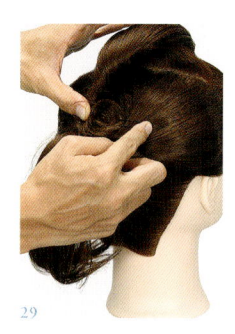　29 　30

すき毛を入れずに小ぶりな前髪を作る

26 バングの上に取り分けておいた毛束をコームで整えながら上げ、27 形を整え、28 ゴムで2か所結んで、高さを見ながらピンでとめます。29・30 前髪の毛先は、根と一束の間にループ状にまるめてオニピンでとめます。

左から前に回すシニヨン

34 　35 　36

右側から前に回すシニヨン

39 　40

39 もう半分の右の毛束を持ち上げて、コームで毛流れを整えて 40 すき毛にかぶせて左手で押さえ、右手で端をつまみ、引っ張ってすき毛を隠すように広げます。41 コームと指先で後ろから前へ毛流れと形を整えながらシェーピングし、42 バイヤスの毛流れを作り、毛先はコームテールですき毛の下にたくし込みます。43 正面で交差させて、クロスシニヨンにします。

41 　42 　43 　44

31 根の上にすき毛をとめつけます。32 根の毛束を2つに分け、33 左半分の毛束を持ち上げてすき毛にかぶせ、コームで表面を整え、34 両端を少しつまんで広げて、35 コームで後ろから前へ、シェーピングします。36 コームテールで毛束を動かしてすき毛を包み込み、37 バイヤスの毛流れを作りながら、毛先はすき毛の下にたくし込みます。38 すき毛の反対側に回した毛先をアメピンでとめます。

左右から前に回して
交差させて
クロスシニヨンをつくる

44 シニヨンの後ろ、一束の上に結んだ鹿の子を置き、45 一束の毛束を2つに分けて、ななめに鹿の子の上に回し、毛先は結び目の右に回します。46 残り半分の毛束は、毛先を結び目の左に回します。47・48 左右両方の毛先でゴムの結び目を隠します。49 鹿の子の両端をすくってネジピンでとめます。50 平鹿の子で前髪のゴムを隠しながら飾ります。

second stage modern style

modern style

second stage

洗練されたモダンなアップスタイルが、少女のフォーマルを引き立てます。
上昇するラインとしなやかにゆれるカールは、それだけでもうアクセサリー効果。
うれしさと華やかさを表現するお飾りは、コサージュやリボン、
ブローチなど、自由に組み合わせて。

| second stage modern style

1. second stage modern style   see 080 *page*

second stage modern style

2. second stage modern style   see 082 *page*

| 068 069 | second stage modern style

3. second stage modern style   see 084 *page*

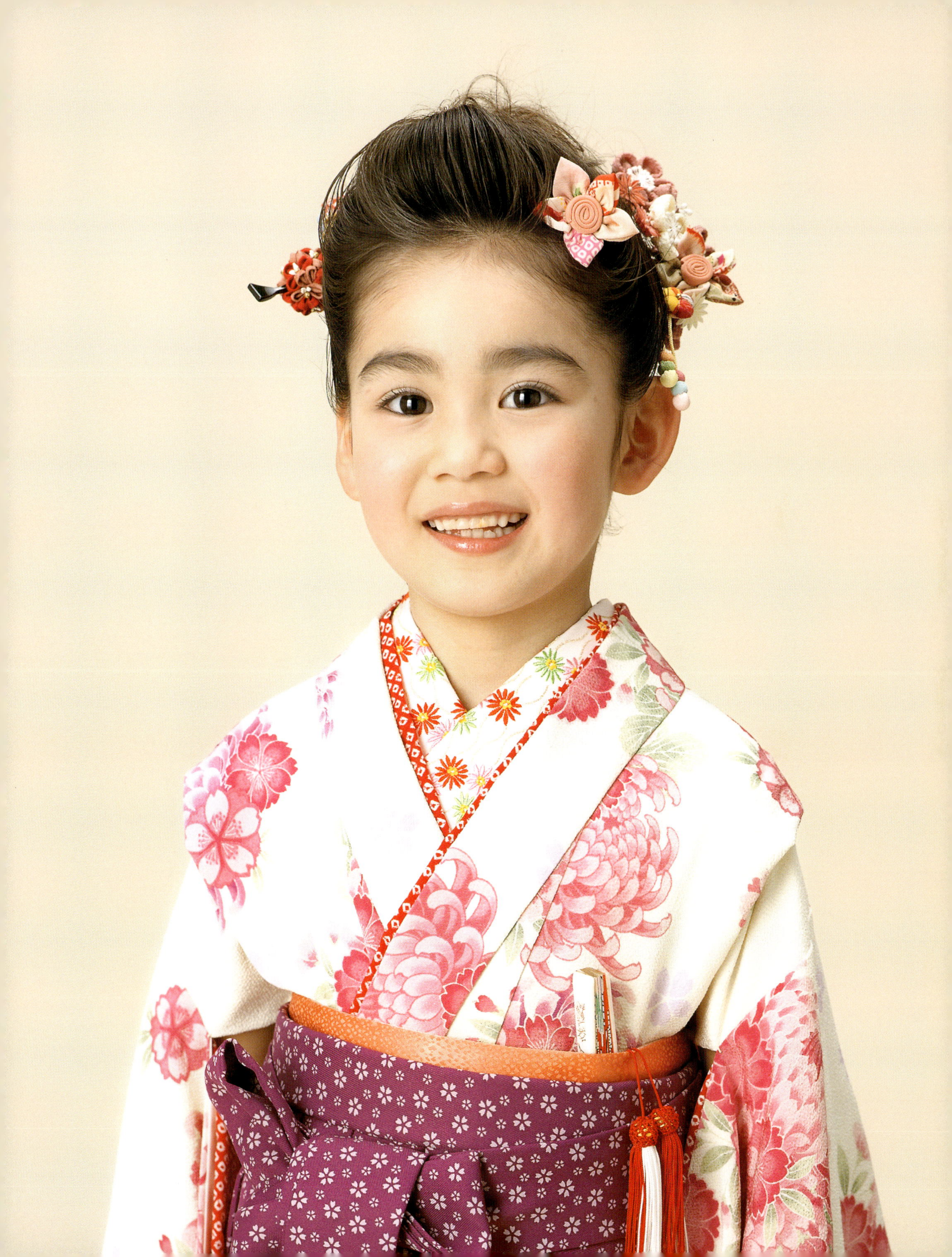

| 070 071 | second stage modern style

4. second stage modern style   see 086 *page*

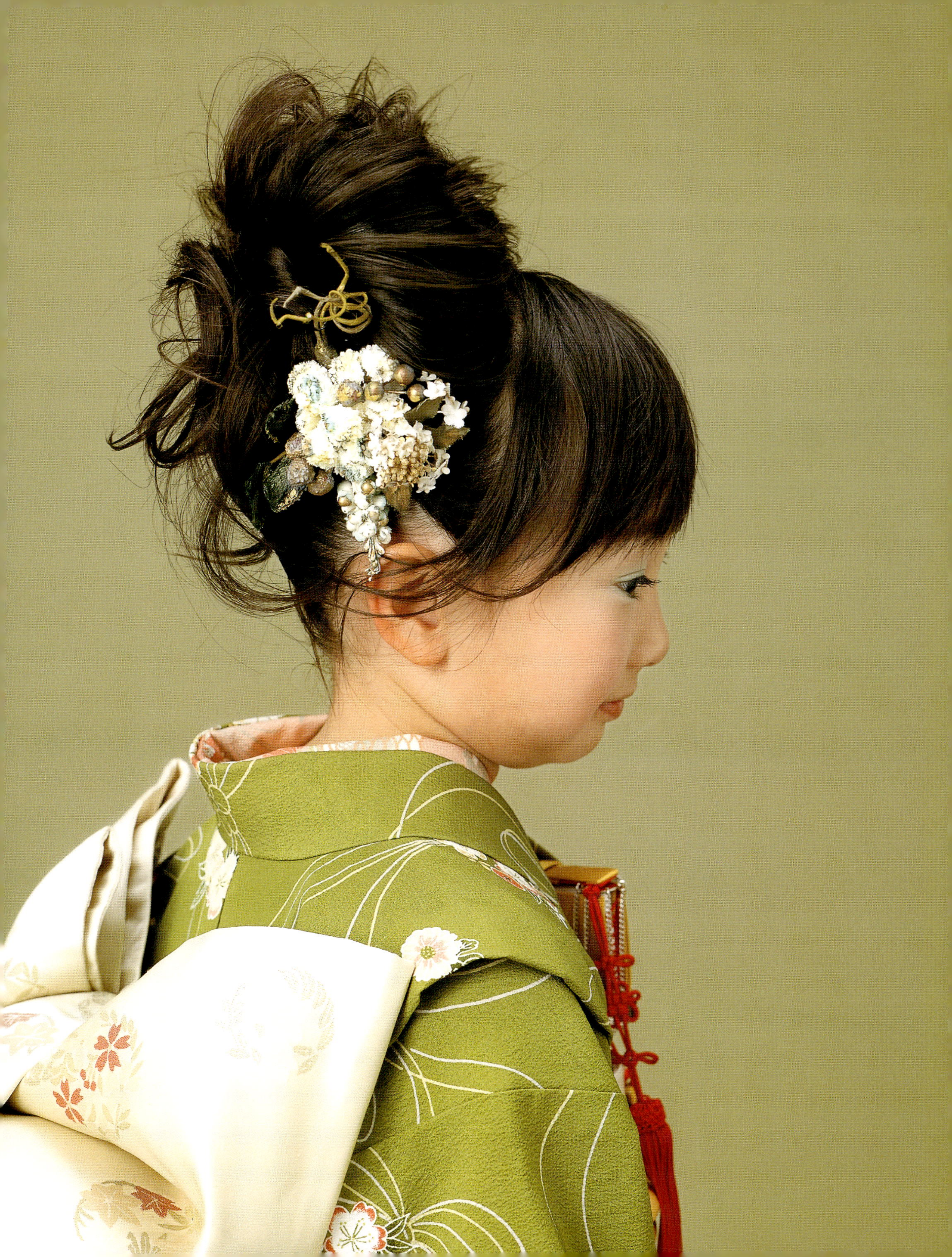

second stage modern style

5. second stage modern style   see 090 *page*

074 075　second stage modern style

6. second stage modern style   see 094 *page*

second stage modern style

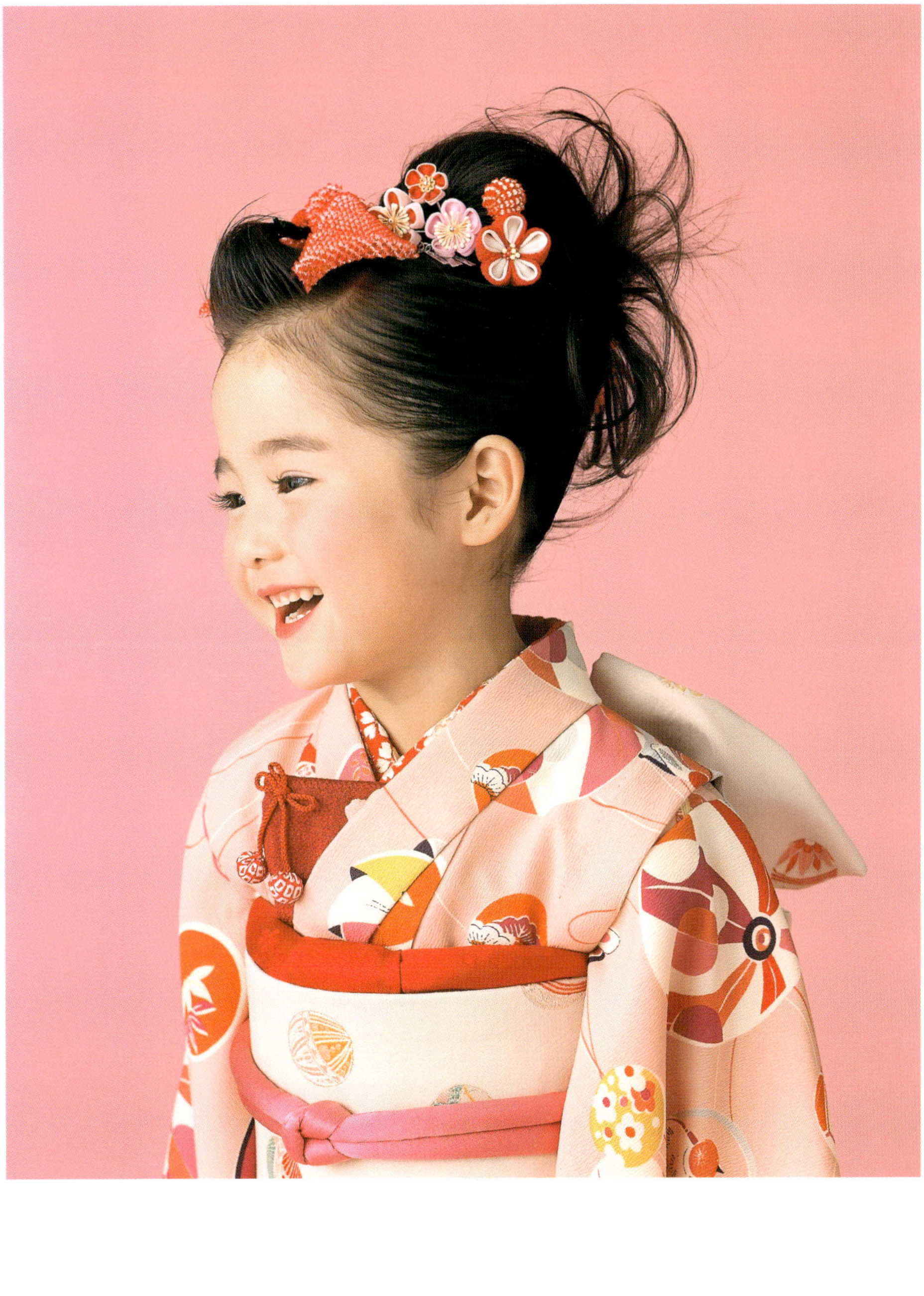

ひたすら技を磨き、じっくり腕を上げる。

手を動かしてみると、思ったほどたやすくはないことに気づかされると思います。アップスタイルはむずかしくはないけれど、ちょっと練習しただけで身につくほど手軽なものでもないのです。繰り返し、繰り返しやっていくしか方法はありません。反復練習を重ねるうちに、お、これか？と感じる瞬間が必ずやってきます。その感覚をつかんだら、それはもうあなたの技術。次のステップへの階段を上がったことを意味します。

心が研ぎ澄まされるまで。

むずかしく思えたことを達成する喜びを重ねることが、さらなる成長への原動力になります。技術をつかんだら、今度はスピードアップと正確さの追及。手早く確実に、いつでも、どんな素材に対しても効果的に使えるところまで磨き上げます。「できる」を「もっとできる」まで高めていくには、また、反復練習を。飽きずに続ける静かな深い集中力が大切です。この集中力が、心まで研ぎ澄ませてくれます。

step by step
modern style

ボトムのフォルムをしっかりつくると、動きの部分には遊びの要素を自由に添えることができます。現代風アレンジの着物には、スイートさや、ロマンティックさがよく似合います。制約のある日本髪とはまた違う魅力がいっぱいのモダンスタイル。ルーズさやアシンメトリー感をふんだんにアレンジしましょう。

| step by step　　second stage modern style

きっちり
ねじり上げて
ライトサイド

1. modern style

064 page

毛先を大きく散らして
アシンメトリー感を強調する
モダンスタイルの代表

細い毛束を
落として
アクセントに

10 右サイドもフェースラインを薄く残し、11 ギザギザパートから、あとでアクセントにする毛束を少し引き出し、12 残りの毛束をブラッシング&シェービングしてから、コームで表面を整えながらテンションをきかせて引き上げ、13 左手でしっかりつかんでゴムを3〜4周させてしっかり結びます。14 取り分けておいた少量の毛束の質感を整えます。

大きく広げてからバランスをとる

15 斜めにブラシを入れてバングの質感と表情を作り、16 結んだ毛束の毛先までしっかりブラッシングして質感を整え、17 コームで少しずつ逆毛を立てるようにかき出して散らし、18 少量の毛束を巻きつけて根元の結び目を隠し、ピンでとめます。19 大きく散らした毛束の形をバランスよく整え、20・21 フェースラインに残しておいた毛束を指でもんで動きを出します。22 左バックサイドでねじった毛先の根元に逆毛を立て、23 毛先にワックスをつけたブラシで動きをつけて、24 さらに指で方向性をつけて表情を作ります。

1 肩につくくらいの、サイドパートのシャギーボブがベースです。2 フェースラインを薄く残してサイドを後ろに引き、3 バックは、右耳後ろの真ん中から左へ、斜めに上昇するギザギザのラインでアシンメトリーに2つに分けます。4 下の毛束をコーミングしてから、左手でつかんでねじり上げ、5 右手に持ちかえて 6 左手をそえながらさらにねじり上げ、7 上からアメピンを差してとめます。8 さらに両手で上までねじって、9 アメピンを差してしっかりとめ、ダブルピンで固定しておきます。

| step by step　　second stage modern style

2. modern style
066 page

サイドをきっちりタイトにまとめて、
大きく広げたトップのカールで華やかに

右に寄せた一束

タイトな
細い
ロープ編み

ループカールのルーズな毛先

1 深いサイドパートをとり、耳前とトップを結ぶ線で左右ともブロッキング。2 バック全体をブラッシング&シェーピングしてから高い位置まで引き上げます。左手でしっかりつかんで毛先までブラシを通します。3・4・5 コームで表面を整えながら面がゆるまないようにテンションをきかせ、高い位置の右寄りに毛束を集め、ゴムでしっかり結びます。6 分けとっておいたサイドの毛束をシェーピングして引き上げ、7 一束の結び目の下を通り、8 巻きつけてゴムを隠し、アメピンでとめます。9 一束の面との境目をなじませるようにコームテールで面を整えます。

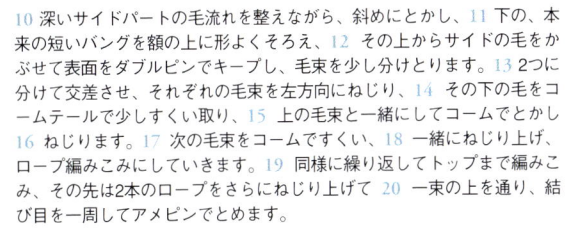

10 深いサイドパートの毛流れを整えながら、斜めにとかし、11 下の、本来の短いバングを額の上に形よくそろえ、12 その上からサイドの毛をかぶせて表面をダブルピンでキープし、毛束を少し分けとります。13 2つに分けて交差させ、それぞれの毛束を左方向にねじり、14 その下の毛をコームテールで少しすくい取り、15 上の毛束と一緒にしてコームでとかし 16 ねじります。17 次の毛束をコームですくい、18 一緒にねじり上げ、ロープ編みこみにしていきます。19 同様に繰り返してトップまで編みこみ、その先は2本のロープをさらにねじり上げて 20 一束の上を通り、結び目を一周してアメピンでとめます。

21 一束の毛束を、後ろから前にひねり込み、表面から薄く毛束を引き出して 22 一束の根にアメピンを差し込んでとめ、23 同様にひねって、表面から毛束を引き出しながらバックまで進みます。24 コームで逆毛を立てるように毛束をかき出し、25 ルーズなカールを作って、バランスを整え、ネジピンでとめて形付けます。26 あまった毛束はねじってバックにピンでとめます。27 コームで前髪を整えて仕上げます。

step by step　　second stage modern style

前に
押し出しながら
テールを抜く

一束

1 耳後ろからトップを結ぶ線でブロッキングして前後に分けます。高い位置に根を作り、三角形のすき毛をとめてバックの毛束を、一束にまとめます。2・3 一束を前に倒して、根と一緒にゴムで結びます。こうすることで、通常の一束より高さが出せます。

3. modern style
068 page

個性派には
クラシカルなポンパドールを
アレンジして

ポンパドールの
面をくずして

13・14 前髪の残りの毛先を2つに分け半分は根の下に入れ、半分は軽くひねって、表面の毛束を少しずつ引き出して 15 さらにひねって形を整え、16 オニピンでとめます。17 残った毛先は根の下に入れ込みます。18 前髪に指を差し入れ、表面をゆるめて筋目を入れます。

大ぶりの
クラウンシニヨン

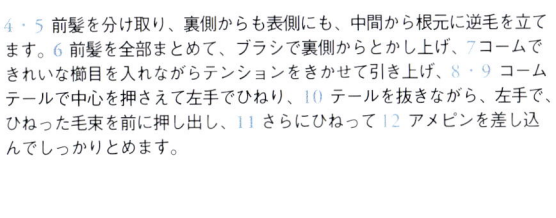

4・5 前髪を分け取り、裏側からも表側にも、中間から根元に逆毛を立てます。6 前髪を全部まとめて、ブラシで裏側からとかし上げ、7 コームできれいな櫛目を入れながらテンションをきかせて引き上げ、8・9 コームテールで中心を押さえて左手でひねり、10 テールを抜きながら、左手で、ひねった毛束を前に押し出し、11 さらにひねって 12 アメピンを差し込んでしっかりとめます。

19 毛束を持ち上げ、中間から根元に逆毛を立て、20 三角形のすき毛をとめつけます。21 毛束をかぶせて、コームで表面を整え、22 両端を薄くつまんですき毛を包み込むように広げます。23 毛流れを整え、24・25・26 すそに向かって細くなるようにコームテールで輪郭を作り、毛束を集めて 27 すき毛の下にゴムで結び、28 一束の土台にアメピンでとめつけます。ゴムの部分を隠すように飾りをつけて仕上げます。髪が短かければ、残りの毛先はすき毛の下に入れ込んでもよいでしょう。

| 086 087　　　　| step by step　　second stage modern style

左側から
右へ上げる

右側から左へ上げて重ねる

8 右半分の毛束も、基本通りにブラッシング&シェーピングで毛流れを整えてから、ブラシで左側の根に向かって平行に引きます。9 上げる毛束の端をテールで押して結び目を出し、10 結びます。11 ツーポイント重ね夜会となります。

4. modern style

070 page

面をやわらかくくずして
ルーズカールと同調させた
ツーポイントシニヨン

18 フェースラインに少量の毛束を残し、右サイドの毛束を整え、やや下向きにシェーピングし、19 左手人差し指と中指で毛束をはさみ、ねじりを入れる位置よりやや下にテールをあて、しっかり押さえます。20 毛流れが割れないように、毛束をひっくり返し 21 左手親指を内側に入れて、手首を回して毛束をねじり、22 テールの先を押さえつけながら、引き抜きます。23 ねじりながら右の根の下を通って、左の根の下にアメピンでとめつけます。

左手親指を
内側に入れて
手首を回す

1 サイドパートをとり、バックは基本の土台を2つに分け、高い位置に2つの根を作ります。2 三角形のすき毛をとめつけます。3 ブラッシング&シェーピングで毛流れを整えてから、左半分をコームで引き上げ、4 ブラシで表面を整えながら、すき毛に毛束をかぶせ、5 根と一緒に左手でしっかりつかみ、6・7 右側の根にゴムでしっかり結びつけます。

右手親指を
内側に入れて
手首を回す

12 フェースラインに少し毛束を残しておきます。毛流れを整えてから、毛束を平行よりやや下向きに引き、右手人差し指と中指にはさんで、コームテールを斜めにあて、しっかり押さえて、13 毛流れが割れないようにひっくり返し、14 右手親指を内側に入れて 15 手首を回して毛束をねじります。16 毛束は固定したまま、テールの先を最後まで押さえつけながら引き抜きます。17 毛先はさらにねじって、左の根の下を通って、右の根の下に結びつけます。

| 088 089 | step by step　second stage modern style

外から中へ、
後ろから前へ
まわすシニヨン

カールをほぐしてルーズに

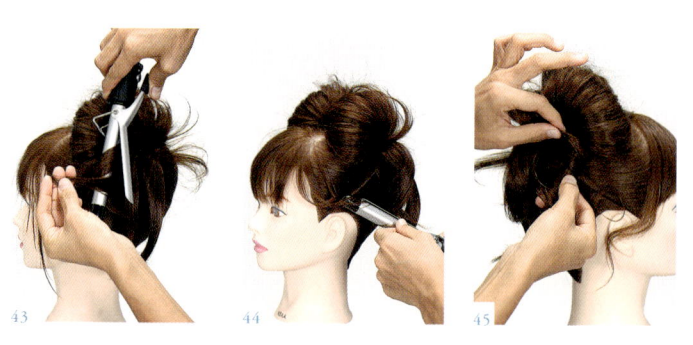

43 サイドのねじりの延長で残った毛先に、アイロンでカールを作ります。
44 フェースラインに残した毛束にも、軽くアイロンでハーフカールを作ります。45 アイロンで作ったカールをほぐしながらひねり、46 ところどころピンでとめて、長さと形のバランスを調整します。47・48 左側も同様に毛先を散らして仕上げます。

24 根の毛束をきれいにとかし、長いほうと短いほうに分けます。25 均等に作った2つのすき毛を根の前にとめつけます。26 2つに分けた長いほうの毛束を持ち上げ、根元に逆毛を立てます。27 裏側からコームで引き上げ、毛束の端をつまみ、28 すき毛の上に広げます。すき毛を囲むように、コームと指先で毛束を回し、29 左手とテールを使って、面をキープしながら 30・31 すき毛に巻きつけていきます。32 テールで形を整え、33・34 毛束を後ろに回して、ピンでとめます。35 右側も同様にすき毛の上に毛束を広げ、36 すき毛に巻きつけ、37・38 毛束を後ろに回してピンでとめます。

表面から
ライズさせる

39 シニヨンの表面から少しずつ毛束を引き出し、40・41 ルーズなタッチを作ります。42 シニヨンの残った毛先を指先でもんで、ルーズな質感を作ります。

| step by step　　second stage modern style

5. modern style
072 page

アシンメトリーな
重い面と毛流れで構成する
クラシカルモダン

ロープ編みで襟足をふちどる

斜めに横切る
重い前髪

18 取り分けておいたトップの毛束の毛流れを整え、右に引き、19 前は、額の上を斜めに流すように整えて左手でつかみ、20 一束の結び目のところで軽くひねり、表面から少量の毛束を引っ張りながら毛流れの表情を作り、21・22 毛束を根の横でひねって、耳上にピンを打って固定します。23 その場所でさらにひねり、毛束を2つに分けて 24 アクセントの毛束を少し取り分けて、25 ブラシで毛流れを整え 26 根元にループを作って長さと、出す位置を決め、オニピンでとめます。

右に寄せた一束

1 トップを取り分けて、写真のようにアシンメトリーにブロッキング。右の毛束は耳上でゴムで結びます。2 左耳から前のサイドの毛束を残して、左バックの毛束をブラッシングで整えながら右側へ引き、3 コームでシェーピングしながらさらに右側へ引き、4 右耳上に結んだ根と一緒に左手でしっかりつかみ、5 ゴムで3〜4周させてしっかり結びます。

6 残しておいたサイドの毛束の毛流れを整えて、内巻きにひねります。7 左手に持ちかえて 8 コームテールで2つに分け、9 右手で持った毛束は左方向に、左手に持った毛束も左方向にねじります。10 それぞれ左方向にねじった毛束を右方向にクロスさせます。ロープ編みです。11 同様に、それぞれを同方向にねじりながら、逆方向にクロスさせて、12・13 生え際にそわせてロープ編みを続けます。14・15 襟足は指で押さえて生え際に合わせ、ポイントにはピンを打ってずれないようにキープしながら進み、16・17 先端はゴムで結び、一束の近くにピンでとめつけます。

| 092 093 | step by step　second stage modern style

2つの毛束を同じ方向にねじりながら逆方向にクロスさせていく

太いロープ編み

細いロープ編み

毛先を散らしてからまとめる

43・44 たらしておいた毛束を2つに分け、さらにその1本を2つに分けて、細いロープ編みを作ります。**45** 同じロープ編みを2本作ります。**46・47** ワックスをつけた指とコームで前髪にすき間を作りながら斜めに流して、表情をつけます。**48・49** 華やかにつくった側に大ぶりの飾りをつけて、アシンメトリー感をより強調します。

27 残った毛束の毛流れを整え、28 2つに分け、29 右手に持った毛束と左手に持った毛束を左方向にねじり、30 それぞれねじった毛束を逆方向にクロスしてひねり 31 太いロープ編みにします。32 ロープ編みを耳の前でねじり上げオニピンを打って固定します。33・34 耳の上で形を整え、オニピンとアメピンでとめます。35・36 ロープ編みの表面のディテールを立体的に作り、アメピンでとめます。

37・38 残った毛束を持ち上げ、ねじって、ロープ編みの後ろにピンでとめます。39 毛先を指先で動かし 40 指先でこすり合わせて、ルーズな質感を作り、41 カールを作りながら大きさと長さを調整し、ポイントをピンでとめ 42 毛先の表情を整えます。

仕上がり

| step by step　second stage modern style

夜会巻きの
ような表情の
ひねり一束

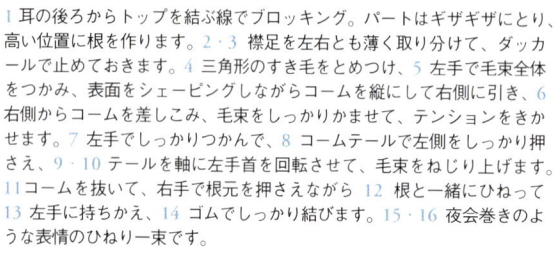

1 耳の後ろからトップを結ぶ線でブロッキング。パートはギザギザにとり、高い位置に根を作ります。2・3 襟足を左右とも薄く取り分けて、ダッカールで止めておきます。4 三角形のすき毛をとめつけ、5 左手で毛束全体をつかみ、表面をシェーピングしながらコームを縦にして右側に引き、6 右側からコームを差しこみ、毛束をしっかりかませて、テンションをきかせます。7 左手でしっかりつかんで、8 コームテールで左側をしっかり押さえ、9・10 テールを軸に左手首を回転させて、毛束をねじり上げます。11 コームを抜いて、右手で根元を押さえながら 12 根と一緒にひねって 13 左手に持ちかえ、14 ゴムでしっかり結びます。15・16 夜会巻きのような表情のひねり一束です。

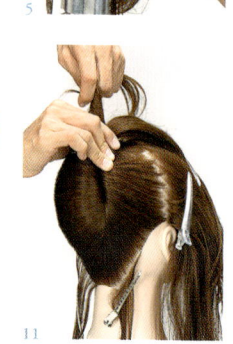

6. modern style
074 page

ダウンスタイルのような
華やかさのある
カール系のアップ

ねじっては引き出しながら進む

17 左サイドの毛流れを整え、生え際の毛束をつまみ、すこしねじって 18・19 ねじった毛束の表面から少量ずつ髪の毛を引き出し、さらにねじって引き出しながら進み、20・21 アメピンでとめます。22 ここからは方向転換をして、今度は前に向かって毛束をねじり、表面から少しずつ引き出していきます。23 ポイントでアメピンをとめ、24 さらに毛先までねじっては引き出しを繰り返し、25 毛先は指でもんで散らしておきます。

| 096 097　　　｜ step by step　　second stage modern style

小さなループカールで
サイド表面を飾る

大きいループカールで
トップにポイント

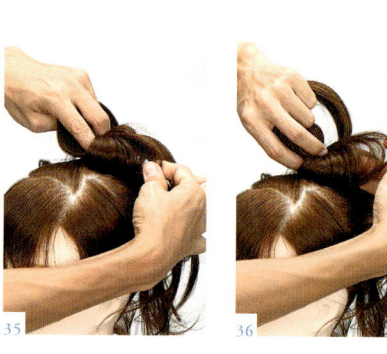

34 根の毛束を半分取り分けてトップでひねり、左手人差し指で押さえ、35・36 表面から薄く毛束を引き出します。37 真中にアメピンでとめます。38 さらに毛束をひねって 39 表面から薄く毛束を引き出して形を整え、40 根の上にオニピンとアメピンで毛先を固定します。41 残りの毛束をひねり、42 表面から薄く毛束を引き出し、ループカールを作っていきます。

26 バングの後ろの前髪を斜め後方にシェープして、アメピンでとめます。
27 右サイドの毛流れを整えて、生え際の毛束をつまみ、28・29 ねじって、30 表面から少量の毛束を引き出し、31 さらにねじっては、表面から少量ずつ引き出しを繰り返します。32 左サイドと同じように、アメピンでとめて方向転換して進めます。33 毛先は指でもんで、ルーズなカールにしておきます。

43 ループカールの毛先は、両サイドのカールとからめます。44・45 あらかじめ、襟足に残しておいた毛束にアイロンか、ホットカーラーでカールを作ります。46 ループカールの質感と同調するように指先で調整します。47 ワックスをつけたブラシで、前髪をななめにシェープし、表情をつけて仕上げます。

仕上がり

| dress up style

ドレスで迎える
七五三には
ダウンスタイルが
おすすめ。
ストレートなら
格調高く
カールで華やかに。

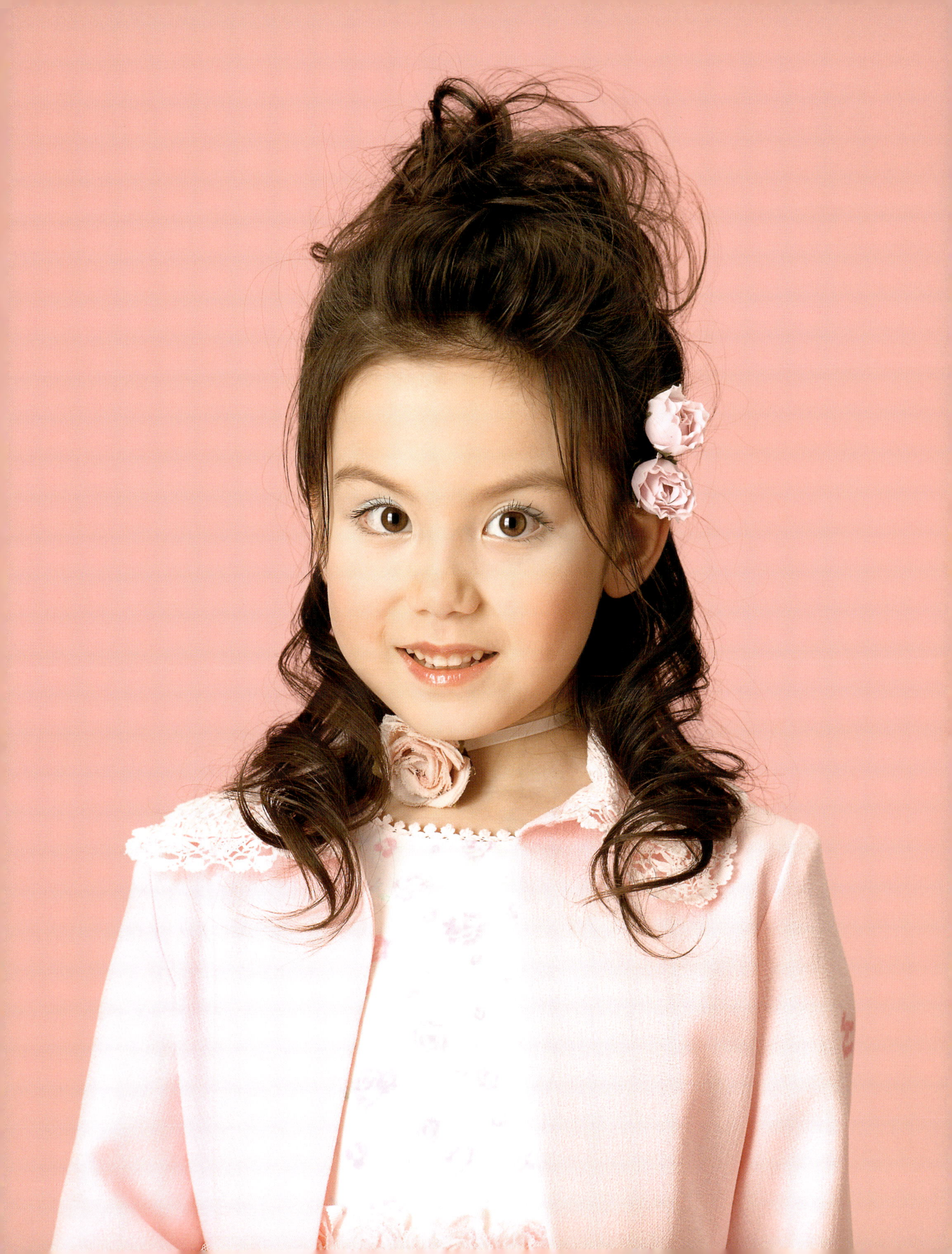

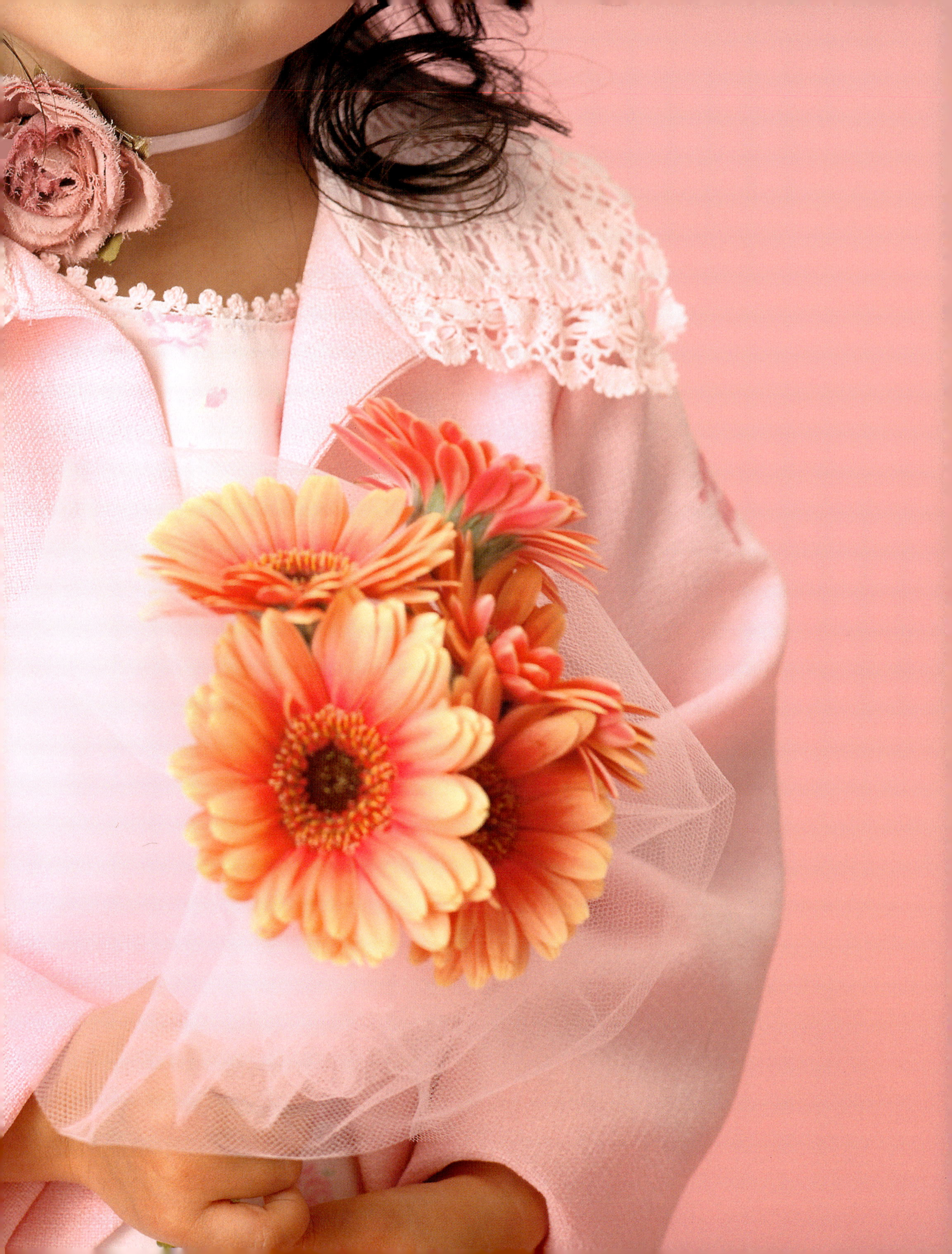

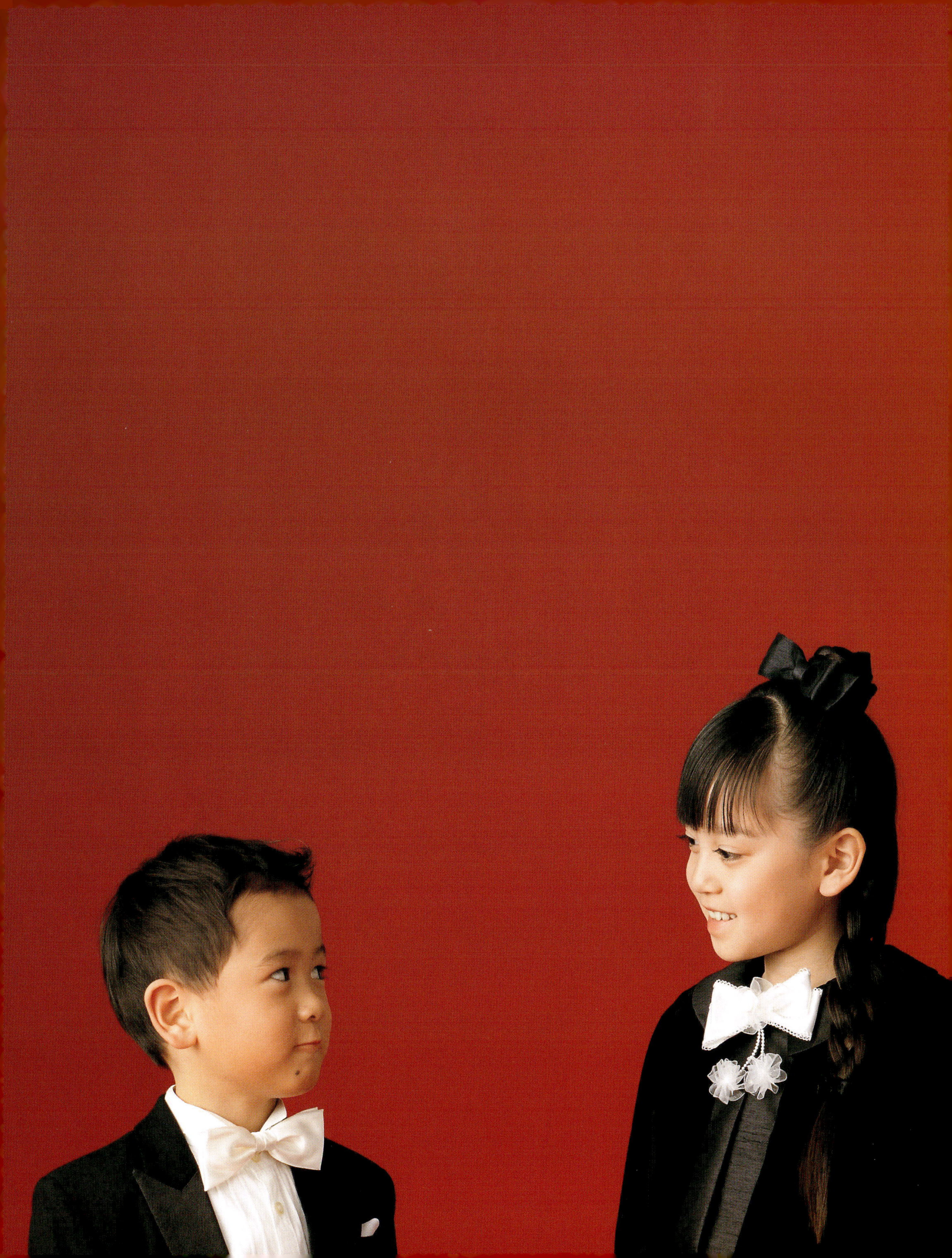

dress up style

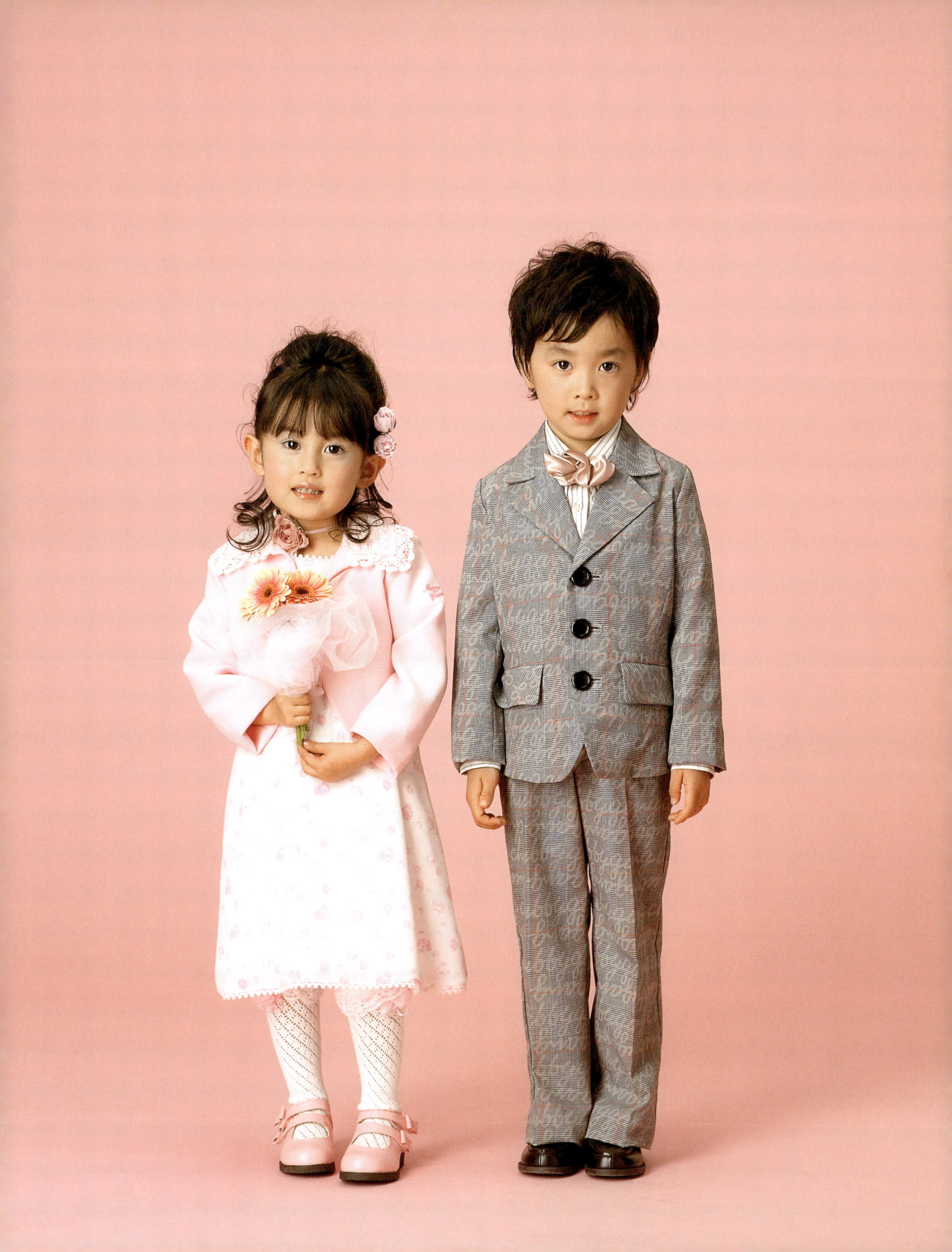

basic technique

この本のスタイルを作るためのベーシックをまとめました。
ほとんどのスタイル作りに共通する項目です。
はじめに一通り練習し、プロセスを追っていて
わからなくなったら、またここへ戻ってきてください。

仕込み

ゴムの結び方

ブラッシング

1 ホットカーラーのクレバスをとるために、根元にドライヤーで熱をあてます。2 新日本髪の場合は、前髪部分を取り分けて、ダッカールでまとめておきます。ジェルとクリームを手のひらに伸ばして、根元から表面までまんべんなくすり込みます。3 根元からしっかりブラシを入れて、毛先までブラッシングします。4 あらかじめ取り分けておいた前髪部分にも、手のひらに伸ばしたジェルとクリームをつけ、しっかりブラッシングします。5 コントロールしやすい髪質ができました。

1 水スプレーで、髪をかきあげながら軽く、全体をぬらします。2 根元から指を入れてフィンガードライして、クレバスやクセをとり、3 正面から後ろへ、後ろから前へ、襟足から上へ、あらゆる方向に髪を動かしながら、まんべんなくブラシでブロードライします。4 根元から軽くテンションをきかせて、ナチュラルストレートにブローし、5 毛先までしっかりブラシを抜いていきます。6 クセや分け目がとれて、巻きやすい髪質になります。

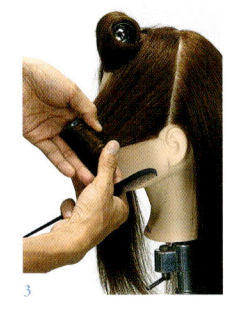

新日本髪のためのホットカーラーの巻き方

1 あらかじめ前髪を取り分けておきます。2 前髪の毛先から根元まで巻き、サイドをブロッキングします。3・4 サイドも毛先から外巻きで根元まで。5 後ろから前のシニヨンの場合は、バック3段も外巻きです。6 左右対称に巻いていきます。7 すべて外巻きの巻き上がり。全体にドライヤーをかけて、1～2分でホットカーラーをはずします。

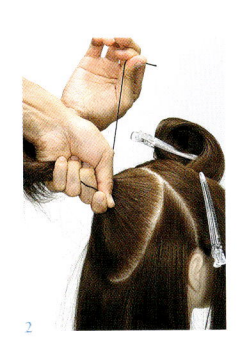

1 左手で毛束をしっかりつかみ、左手親指と人差し指でゴムの端を持ちます。2 右手で、下から時計回りに3～4周まわします。3 ゴムの両端をそろえて右手でしっかり引っ張り4 左手の親指と人差し指で、下から毛束をつまんでゴムを持ち、5 右手の人差し指でゴムの左側の先端を内側に入れ込み、2回ねじります。6 右手の薬指で根元を押さえて、7 両手で結び、8 しっかりと根元側に締め付けます。9 ゴムの余分な端を切り取り、結び目に硬いスプレーをかけて固定を強化します。

すき毛の作り方・バック用三角形

1 袋から出して、大きく広げたすき毛の端から必要な量をちぎります。2 薄く広げて、中心が厚めの三角形になるように、3 端からちぎり、4 裏へ重ねます。5 形を整えながらちぎり 6 裏へ重ねていきます。7 同じようにちぎっては 8 裏へ重ねていき、横から見たとき、このような状態の層を作ります。上が厚く下が薄く重なっています。9 表面から薄くすき毛を引き出してくるみ、10 厚みの様子を確認し、11・12 左右から端を手のひらで内側に折り込み、13 逆三角形に形付けます。14 横から見たところです。上が厚く、下へ行くほど薄くなっていて、押すともどる弾力があります。

すき毛のとりつけ方
バック一束の場合

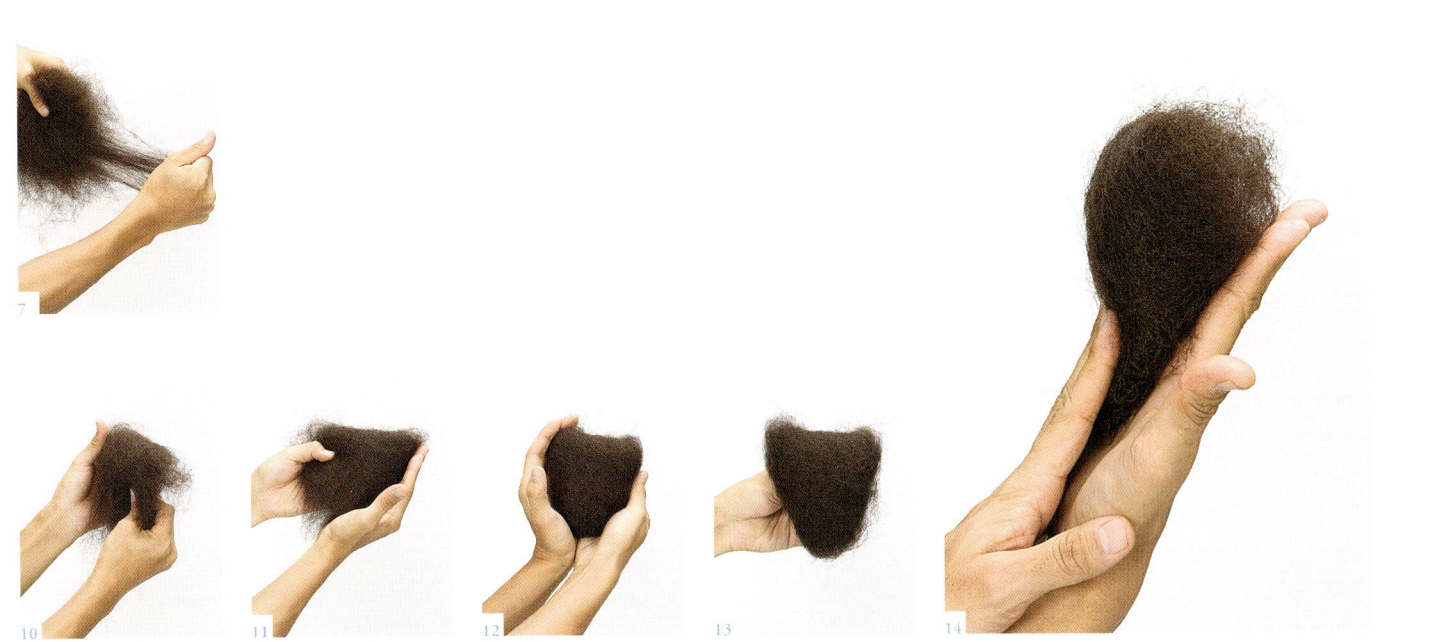

1 逆三角形のすき毛を下から当てます。2 左手で下から支えながら、右手で上から押さえてすき毛の位置と形を安定させ、3 右上からピンを打っていきます。アメピンを少し開いて、表面を張るように上から下にすき毛に差し、4 閉じて押し入れます。5 次は左上です。左手ですき毛を支えながらアメピンの先を開いて、上から下に向けて差し、6 閉じて押し入れます。7・8 右下は斜め中心方向にアメピンを開いて差し、閉じて押し入れます。9・10 最後に左下も同じように、斜め中心方向にアメピンを差してとめます。ピンの差し方と同時に、すき毛を支える左手の動きもよく見て覚えてください。11 すき毛の表面に硬いスプレーを振ります。12 テールでボリュームを調整し、13 ピンを打った部分がへこんでいたら直します。14 このすき毛のつけ方がバックの立体感の完成度を左右します。

| basic technique

バックの
シェープ

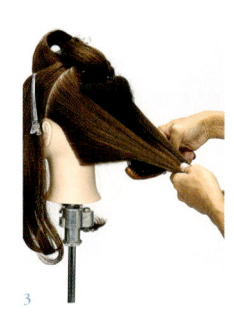

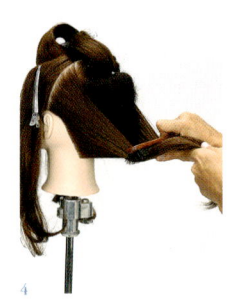

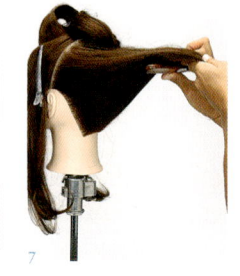

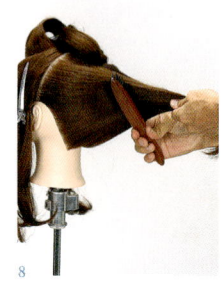

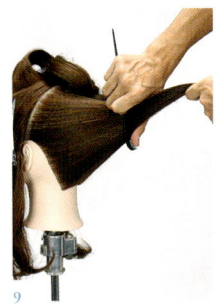

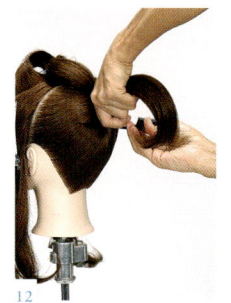

1 サイドの裏側からブラシを入れて毛束を持ち上げ、2 左手で持って、右サイドも裏側からブラシを入れて持ち上げていきます。3 下からもブラッシングしながら、毛束全体のテンションを整え、4 内側をブラッシングしながら、さらに持ち上げていきます。5 下からブラシを入れながら、ネープのテンションを張ります。6・7 内側からも下からも繰り返し、ブラッシングします。8 フィニッシングブラシでシェーピングして表面の毛流れを整え、9 コームで側面からしっかりテンションをきかせてシェーピングし、10 コームに縦に髪をかませて引き、11 左手親指の付け根に渡すように持ちかえて、しっかりつかみ、12 テールで毛流れとボリューム感を調整します。13 ゴムで結んでからテールを差し込み、シルエットを整えて仕上げます。

すき毛の
とめつけ方
サイド（鬢）

サイドのシェープ

すき毛の作り方・サイド（鬢）用

1 左右均等に作るので、同量のすき毛を用意します。2 薄く均一に広げて、3 上下に半分に折り、4 左右も半分に折りたたみます。この折りたたみ加減で形が変わります。5 端の部分は薄く引き出して、自然な厚みにします。鬢の形、大きさによって作り方はアレンジしますが、フェースライン側が厚く、耳上に行くほど薄くなることは共通です。とめつけるときにも、形と厚みを調整します。

1 サイドの毛束の裏側、根元近くに逆毛を立てます。2 逆毛の上にアメピンを差します。3 ここが、すき毛をしっかりとめつけるための土台になります。4 すき毛を土台の上に上から入れ込み、下から左手で押さえてさらに上からアメピンを押し入れます。5 次に上から左手で押さえて、下からもアメピンを差してとめます。6 必ず左右対称になるように、すき毛をつける段階で厚み、大きさを確認しながら調整します。

1 すき毛の上に左手の甲を置き、サイドの毛束の裏側からブラシを入れて前に引き出し、2 ブラシを返して、左の手のひらに毛束をのせます。3 左手で毛束をつかみ、すき毛にかぶせ、ブラッシングで表面を整えます。4 次にコームでシェーピングしながら毛流れを整えます。5 しっかり毛先までコームを通し、6 指先とコームで毛束の形を整えます。ここでは、もっとも基本的な真横に平行に引くサイドを紹介していますが、下向きや上向きのシェーピングをすることもあります。

すき毛の作り方
シニヨン（髷）用

1 すき毛を均一に広げます。2 端からちぎって 3 裏側に重ねます。4 ちぎっては重ねるを4〜5回繰り返し、中心に厚みのある層を作ります。写真は、横から見た重なりの状態です。5 左手で端をつかみ、量感を整えて、6・7 右手のひらで表面を押さえるように巻き込み、8・9 さらにすき毛の端を薄く引き出し、全体をくるみこみます。10・11 同じように繰り返して、表面を薄くおおいかぶせ、中心に厚みのある円柱状にします。12 横から薄く引き出し、13 内側にくるみこみ、14・15 逆側も同様にして、まるみのある形に整えます。

すき毛を使わない前髪

小ぶりな前髪の場合は、すき毛は必ずしも必要ではありません。むしろ、弾力のある前髪が作れます。馬蹄形に取り分けて、2か所をゴムで結びます。1 引きすぎると貧弱になり、2 高さを出しすぎると、まるみの形が安定しません。3 シニヨンやサイドとのバランス、顔立ちへの似合わせを考えて、ちょうどよい高さを発見しましょう。4 高さが決まったら、アメピン2本で固定します。

鹿の子の結び方

1 左手の親指と人差し指に、鹿の子を2つ折りにしてのせます。2 両端を右手で持って、左手首を返して2本の指で鹿の子をつかみ、3 鹿の子の中央に右手をそえ、左手で上へ引っ張り出します。4・5 鹿の子の右側の端を左側の輪に通し、6 残った左の端を 7 右側に通します。8 バランスよく形を整えて 9 結び上がりです。10 鹿の子に傷をつけないように、端についている糸（または生地）にオニピンを通し、11 シニヨンに差し込んで飾ります。

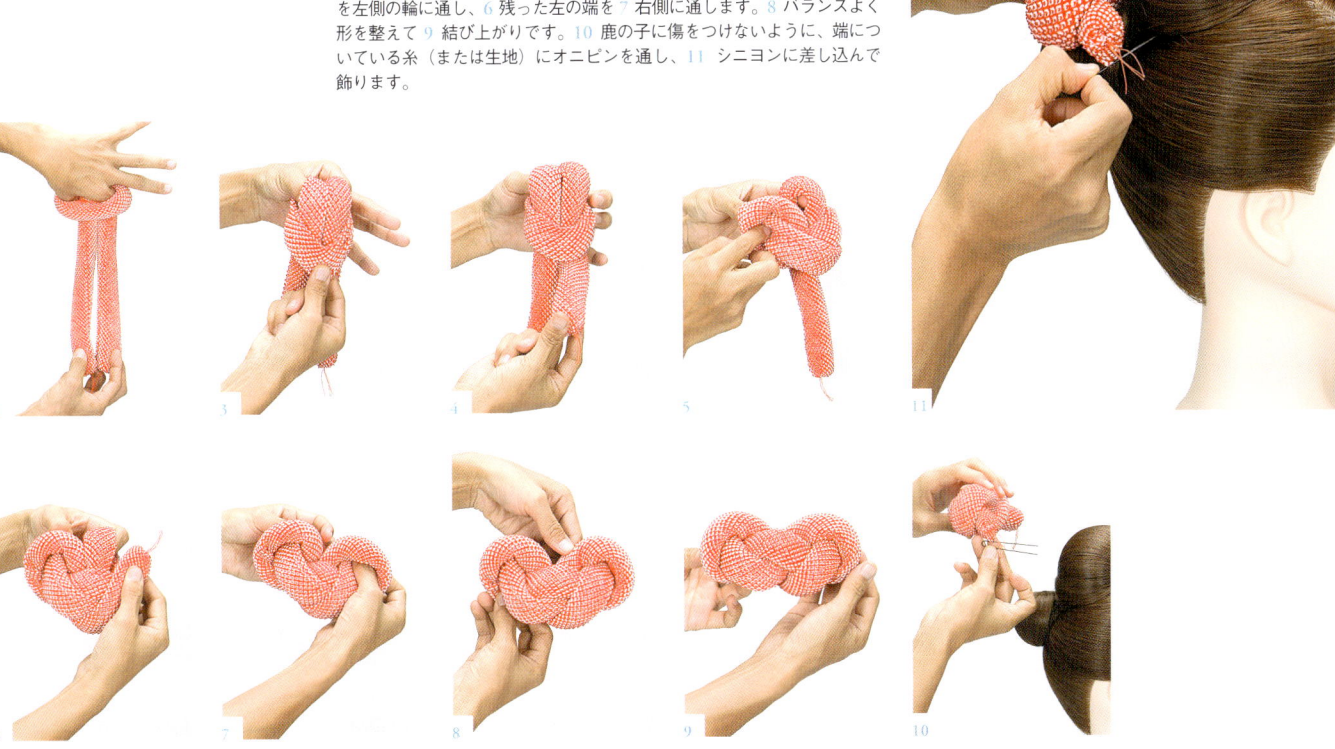

original style
final stage

デザイナーにとって、自分だけの世界観を持つことは、とても大切なこと。
少女たちだけが持つ多様な個性に触発されるイメージを、自分の中に高めて
素顔の奥にひそむ、もうひとつの［少女像］を発見し、創造します。

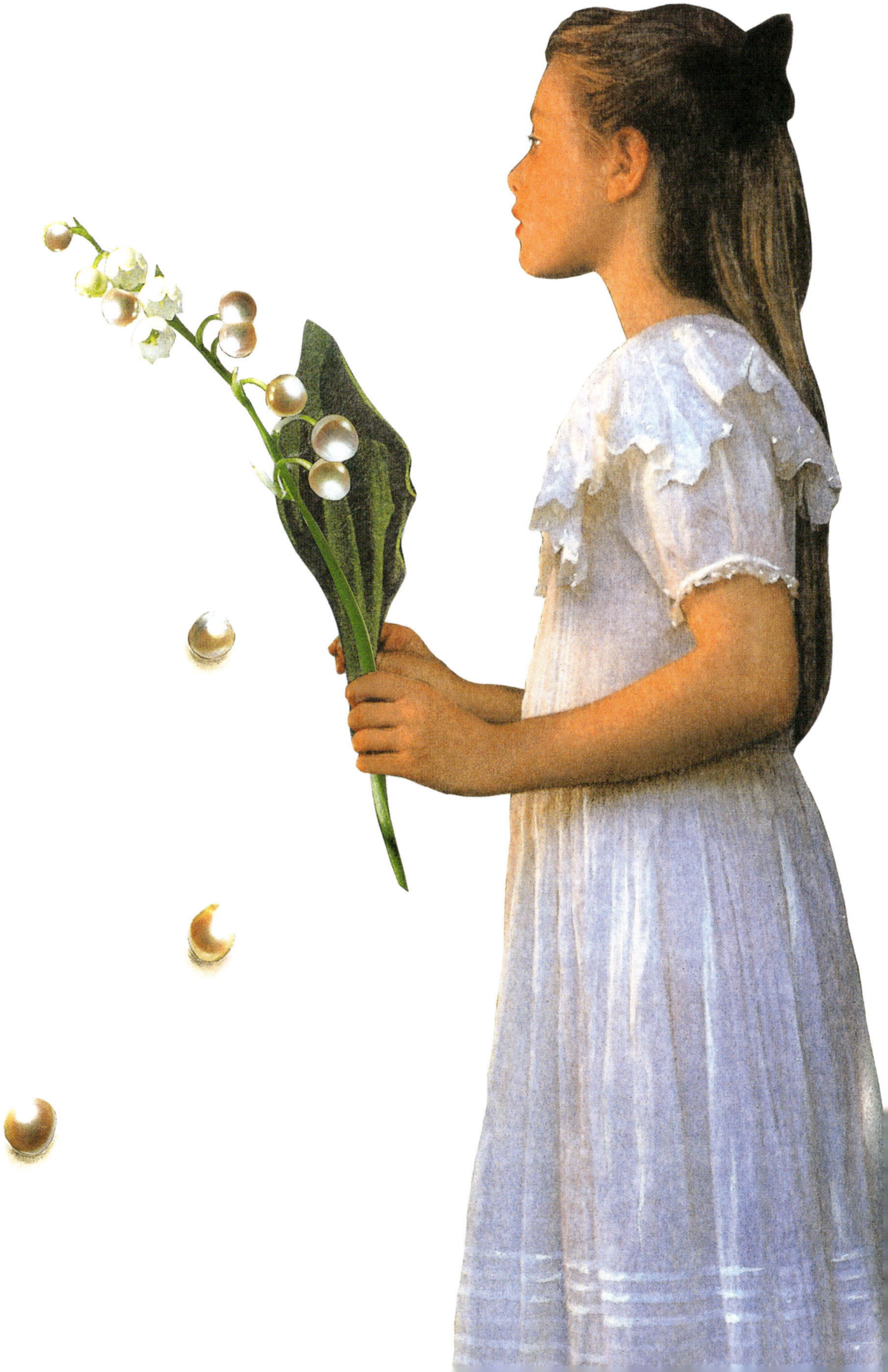

final stage original style

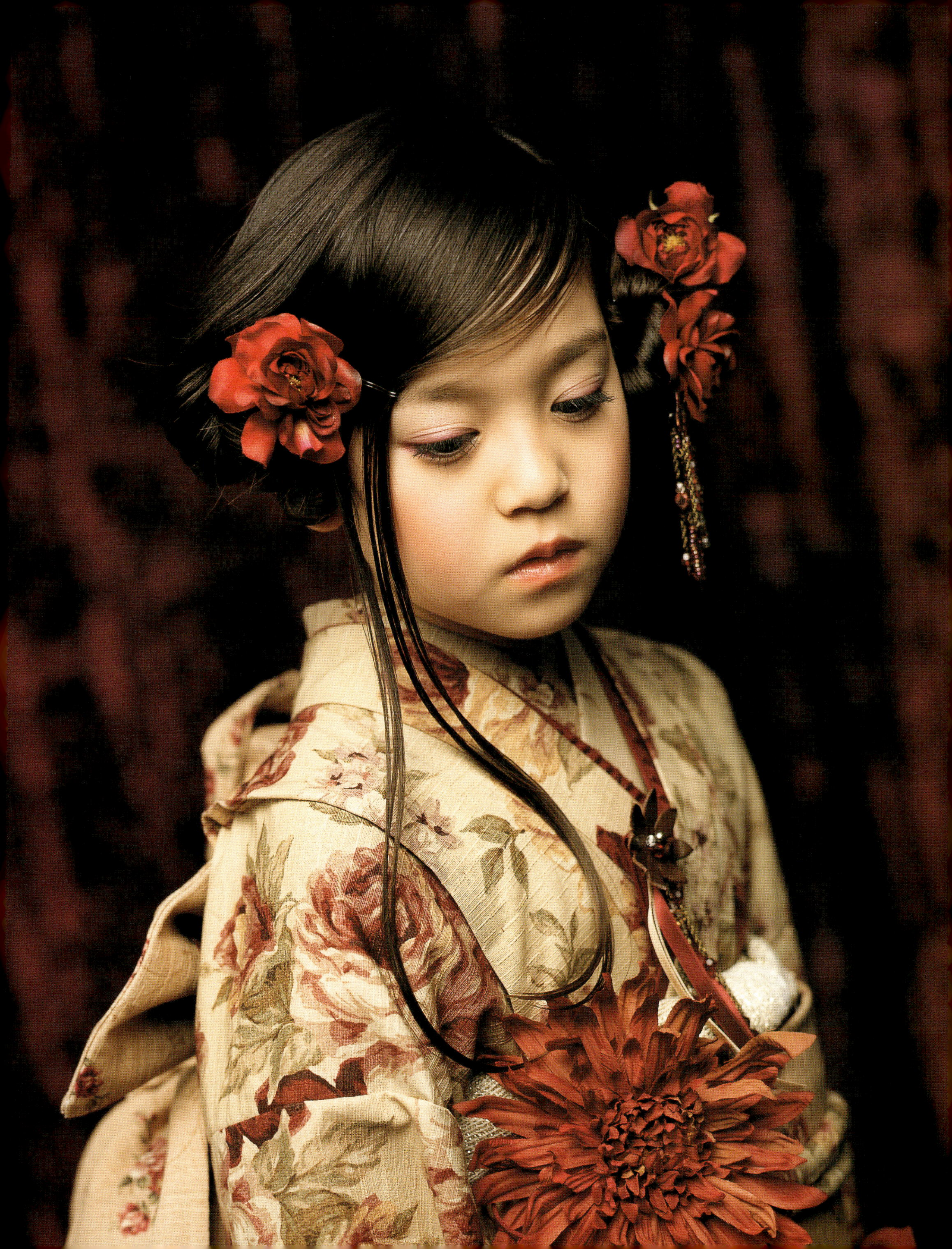

final stage original style

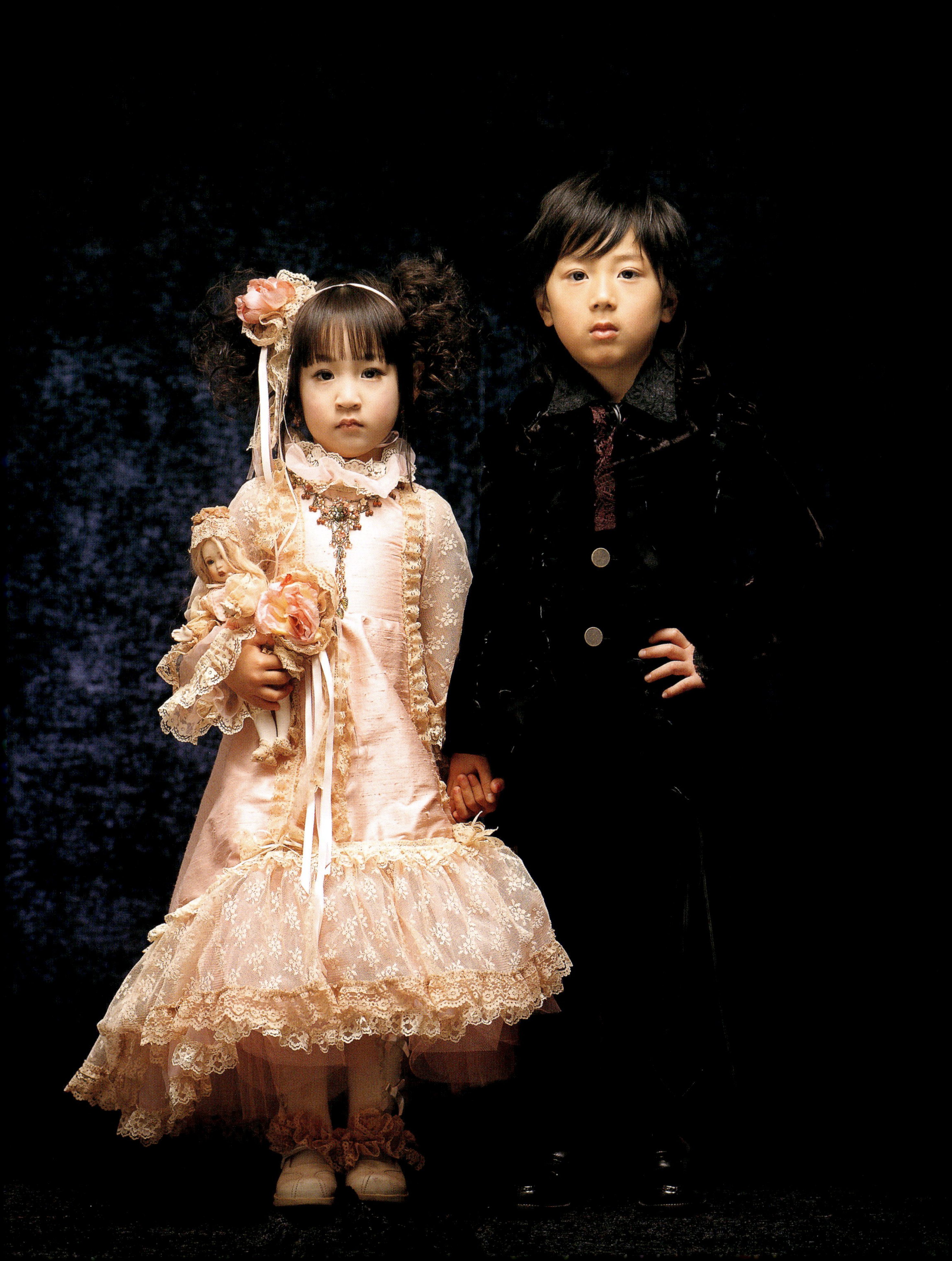

final stage original style

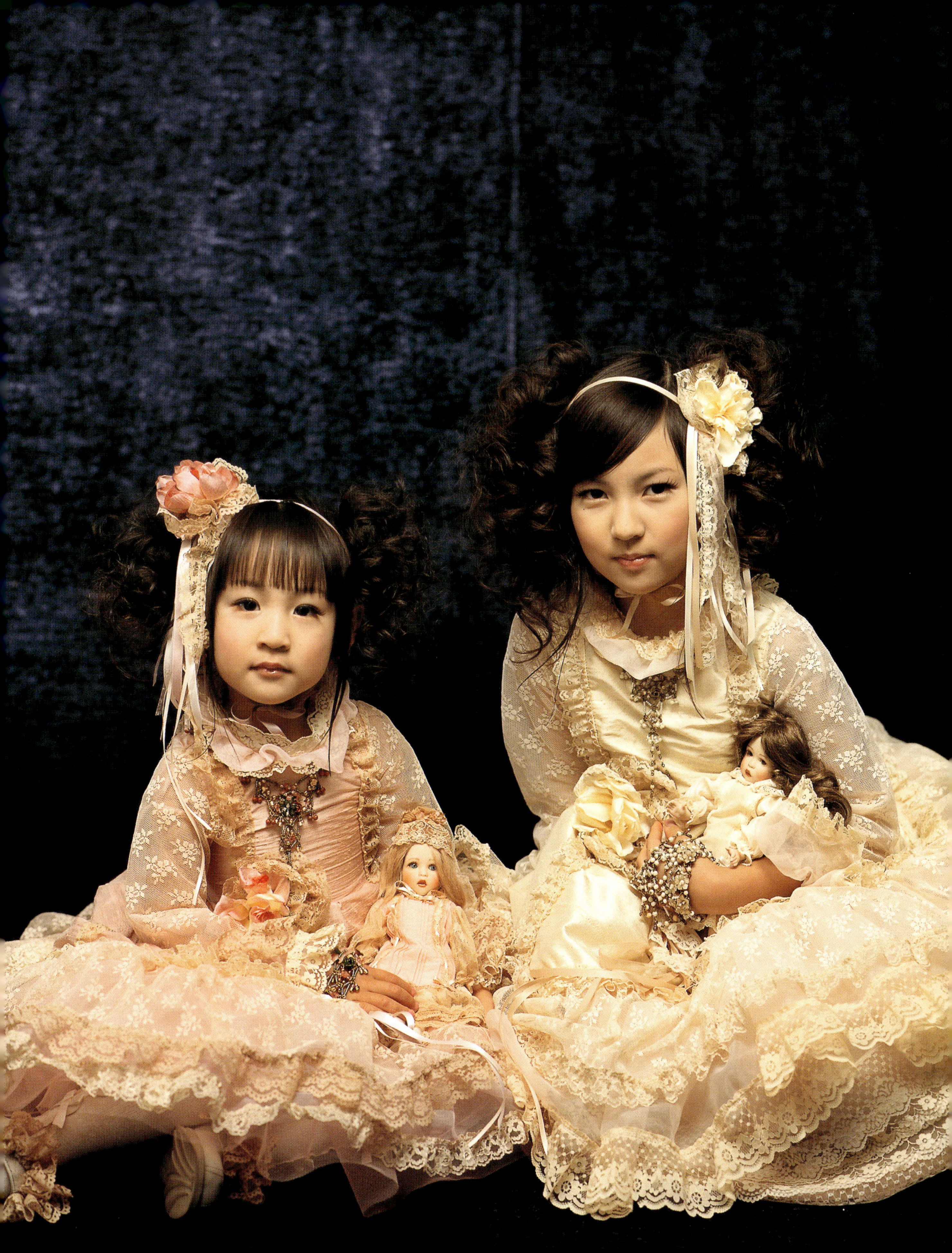

final stage original style

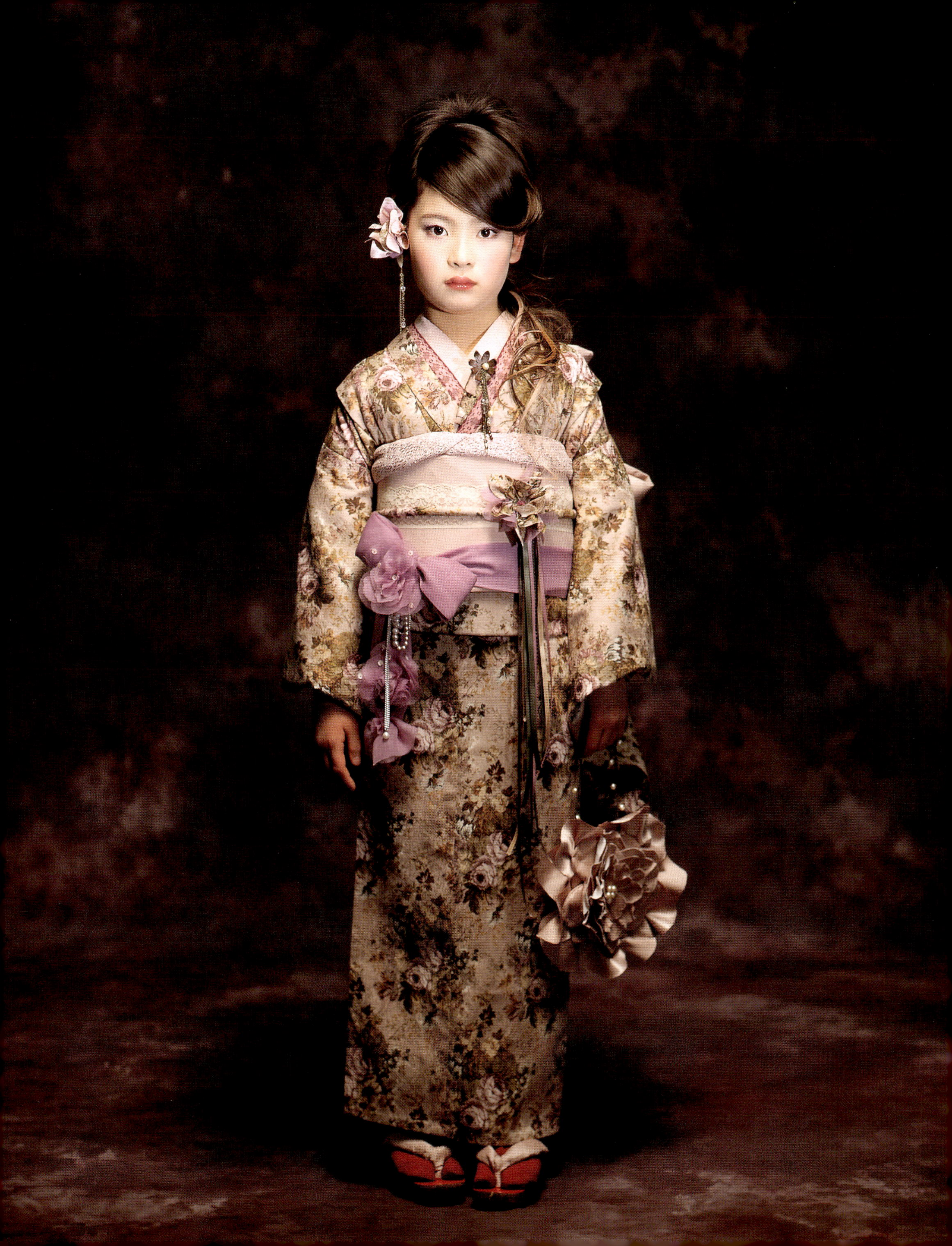

final stage original style

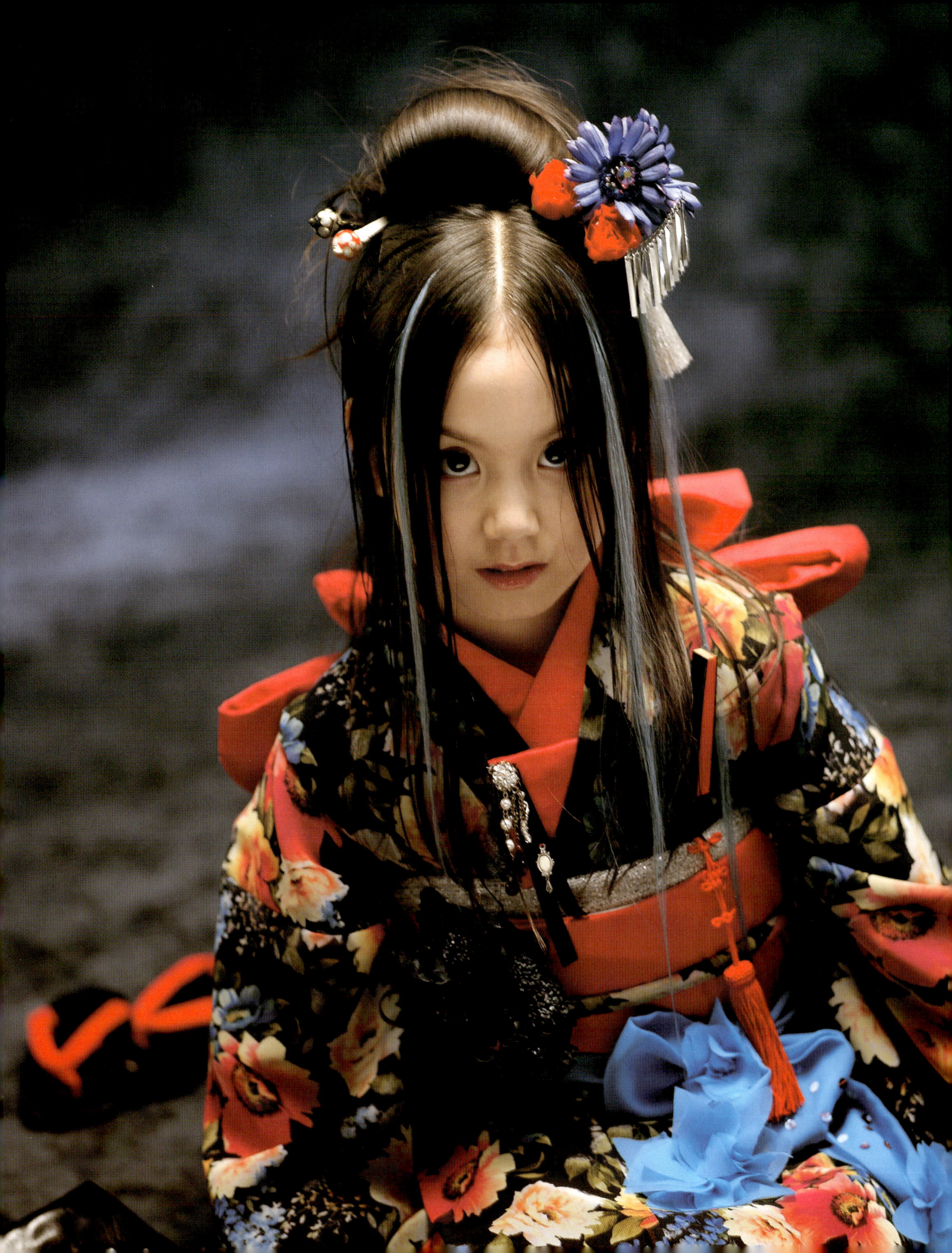

final stage original style

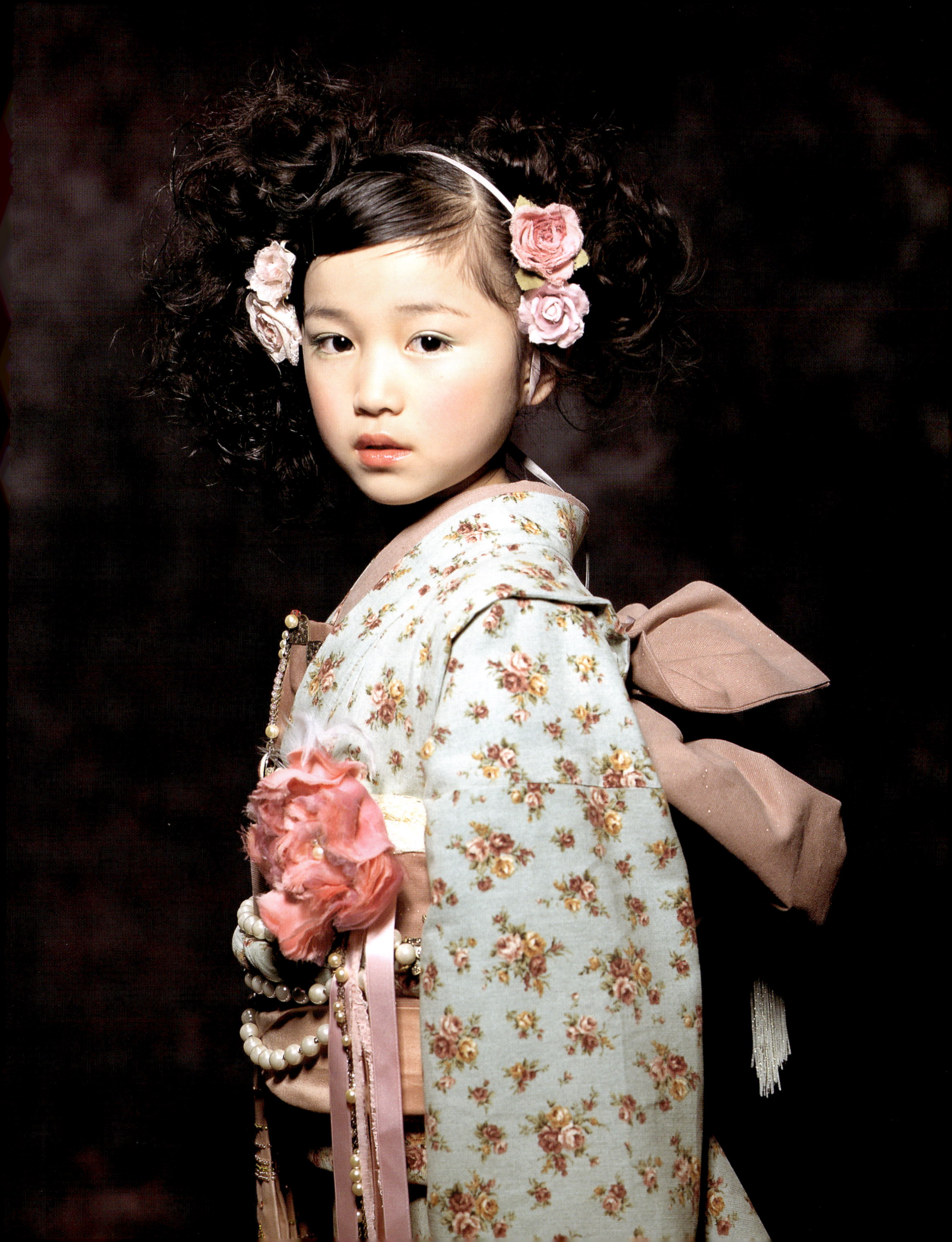

credit & shop list

006-007 page

お祝い着 ¥241,500 [k]
帯 参考商品 [n]
半襟 ¥13,650 [d]
伊達襟 参考商品 [n]
帯揚 ¥12,600 [d]
しごき ¥31,500 [d]
帯締、はこせこ、扇子
3点セット ¥24,150 [g]
ぽっくり ¥36,750 [g]
バッグ（草履と2点セットで）
¥47,250 [g]
髪飾り3点セット ¥17,640
[無松庵／i]
かのこ ¥680 ¥1,050 [l]

008-011 page

お祝い着 ¥241,500 [k]
帯 参考商品 [n]
半襟 ¥8,400 [d]
帯揚 ¥15,750
帯締、はこせこ、扇子
3点セット ¥8,400
草履（5点セットで）¥29,400 [g]
しごき ¥39,900 [d]
髪飾り3点セット ¥7,875
オレンジくす玉 ¥7,350 [g]
かのこ [フェリー／o]
ちんころ ¥800 [l]
赤くし ¥3,050 くす玉（大）¥2,050
Uピン・くす玉各 ¥520 [l]

012-013 page

お祝い着 ¥210,000 [組曲／c]
お祝い帯 ¥136,500 [組曲／c]
半襟 ¥8,400 [d]
しごき ¥15,750 帯揚 ¥10,500
帯締、はこせこ、扇子
3点セット ¥15,750
草履、バッグセット ¥29,400 [組曲／c]
髪飾り3点セット ¥17,500 [g]
平かのこ ¥860 [l]
黒くし [フェリー／o]

014-015 page

お祝い着 ¥207,900 [k]
帯 参考商品 [n]
半襟 ¥8,400 しごき ¥31,500
帯揚 ¥12,600 [d]
帯締、草履、はこせこ、
扇子、バッグ5点セット
¥39,900 [g]
髪飾り3点セット ¥17,850 [g]

016-017 page

お祝い着 ¥346,500 [k]
帯 ¥309,750 [e]
半襟 ¥13,650 帯揚 ¥12,600
しごき ¥31,500 [d]
帯締、草履（5点セットで）
¥39,900 [g]
バッグ 参考商品 [n]
髪飾り2本ざし ¥7,875 [g]
かのこ ¥1,260 平かのこ ¥860
玉かんざし2本セット ¥1,050 [l]

018-021 page

お祝い着 ¥399,000 [j]
お祝い帯 ¥157,500 [j]
半襟 ¥13,650 [d]
しごき ¥31,500 [g]
帯揚 ¥12,600 [d]
帯締、はこせこ、扇子3点セット
¥24,1500 [g]
草履、バッグセット ¥50,400 [g]
髪飾り3点セット ¥15,750 [g]
かのこ [フェリー／o]
扇子 ¥1,890 [g]
櫛かんざしセット ¥24,150 [g]
赤くす玉 ¥7,875 [g]
赤ちんころ ¥680 [l]

022-023 page

お祝い着 ¥294,000 [k]
帯 参考商品 [n]
半襟 ¥8,400 帯揚 ¥12600
しごき ¥63,000 [以上 d]
帯締、はこせこ、扇子
3点セット ¥15,750 [g]
ぽっくり ¥36,750 [g]
髪飾り1本ざし ¥7,350 [g]
パッチンオレンジ2本セット
¥6,090 [g]
かのこ [フェリー／o]

024-025 page

お祝い着 ¥399,000 [k]
お祝い帯 ¥204,750 [e]
半襟 ¥8,400
帯揚 ¥12,600 [d]
帯締、はこせこ、扇子
3点セット ¥8,400 [g]
しごき ¥31,500 [d]
草履、バッグ2点セット
¥45,000 [g]
平かのこ ¥860 [l]
2本ざし赤 ¥5,250 [g]
2本ざし桜 ¥12,600
シルバー1本ざし ¥8,925 [g]
つまみ玉かんざし
2本セット ¥1,050
組紐2本セット ¥1,200 [l]

026-027 page

3歳お祝い着 ¥262,500
被布 ¥102,900 [j]
半襟 ¥8,400 [d]
草履、バッグ2点セット
¥26,250 [g]
かのこ ¥3,150 [l]
前ざしかんざし ¥11,500
赤絞りパッチン2点セット
¥3,465
2本ざし ¥6,090 [以上 g]
5歳お祝い着セット
¥81,900
5歳袴セット ¥36,750
[以上 夢工房みに／b]
ビーズ付き小物入れ
参考商品 [n]

064-065 page

お祝い着 ¥173,250
お祝い帯 ¥78,750
半襟、帯揚、帯締、しごき、
はこせこ、扇子
6点セット ¥50,400
草履、バッグセット ¥31,500
[以上 こむさでもーど／b]
髪飾り ¥9,450 [a]

066-067 page

3歳被布セット(バッグ、草履込み)
¥60,900 [ひさかた浪漫／h]
半襟 ¥8,400 [d]
レース洋花 ¥7,245 [a]
ビーズかんざし
¥7,140 [夢がたり／b]
いちごかんざし 各 ¥1,512
ボンボンUピン5本セット
¥1,470 [l]
テディベア 犬のぬいぐるみ
参考商品 [n]
5歳お祝い着セット ¥81,900
5歳袴セット ¥50,400
[こむさでもーど／b]
マフラー 参考商品 [n]

068-069 page

お祝い着 ¥47,250
袴 ¥39,900
[JAPAN STYLE／f]
半襟 ¥8,400 [d]
草履（バッグとセットで）
¥45,150 [g]
梅コーム ¥7,140
Uピン4本セット ¥2,940
[夢がたり／b]
テディベア 参考商品 [n]
扇子 ¥1,890 [g]

070-071 page

お祝い着 ¥60,900
お祝い帯 ¥60,900
半襟 ¥2,100 帯揚 ¥3,990
帯締 ¥6,090 草履 ¥13,650
バッグ 16,590 しごき ¥10,290
はこせこ、懐剣セット ¥8,190
[以上 夢工房みに／b]
髪飾り ミックスブーケ2個
各 ¥7,140 [a]

072-073 page

お祝い着 ¥60,900
帯 ¥39,900 帯揚 ¥7,140
帯締 ¥6,090 ぽっくり ¥20,790
バッグ ¥12,600
たまつまみかんざし ¥5,040
櫛かんざし ¥10,290
帯留 ¥8,190 [以上 撫松庵／i]
半襟 ¥8,400 [d]
バッグにつけた花 ¥10,290
しごきに使ったベルト ¥39,900
[以上 a]
つまみかんざし ¥2,100 [l]
マフラー各 ¥12,600 [m]

074-075 page

お祝い着 ¥210,000
お祝い帯 ¥136,500
帯揚 ¥10,500
帯締、はこせこ、扇子
3点セット ¥15,750
草履、バッグセット ¥29,400
しごき ¥15,750 [以上組曲／c]
半襟 ¥8,400 [d]
髪飾り [フェリー／o]

076-077 page

3歳お祝い着 ¥50,400
3歳作り帯 ¥29,400
半襟 ¥3,990 帯揚 ¥7,140
帯締 ¥6,090 草履 ¥23,100
足袋 ¥1,575 マフラー ¥7,140
[以上 撫松庵／i]
かのこ ¥3,150
玉かんざし ¥1,365 [l]
梅のパッチン2本セット ¥4,200 [g]
びらかんざし [フェリー／o]
5歳お祝い着・羽織 ¥399,000
5歳袴・角帯セット ¥123,900 [以上 j]

stylist・着付 Masayo Honda [n]
(006page－077page)

098-103 page
114-125 page

衣装、小物すべて
TADAO ARAI [o]
上記の衣装、小物は
すべてレンタル可能です。
詳細はお問い合わせください。
stylist・着付 Hiroko [o]
assistant Eriko [o]
衣装製作 Akiyoshi Sugino [o]

shop list

a. アトリエ染花　〒150-0011 渋谷区東2-5-36　tel.03-3499-6820　　b. いちだのきもの　〒103-8558 中央区日本橋浜町1-12-9　tel.03-3863-9463
c. オンワード樫山　〒103-8239 中央区日本橋3-10-5　tel.03-3272-2377　　d. (株)加藤萬　〒103-0006 中央区日本橋富沢町2-6　tel.03-3661-7747
e. (株)川島織物　〒103-0023 中央区日本橋本町3-8-4　第二東硝ビル5階　tel.03-3663-8701 (代)
f. 京都丸紅(株)　〒600-8429 京都市下京区烏丸通五条上ル　tel.075-342-3344　　g. 京和(株)東京店　〒103-0007 中央区日本橋浜町2-1-3　tel.03-3669-1351
h. 佐啓産業(株)　〒376-0052 桐生市天神町2-9-7　tel.0277-22-8856　　i. (株)新装大橋・撫松庵　〒103-0012 中央区日本橋堀留町1-7-6　tel.03-3661-0843
j. (株)高島屋 横浜店　〒220-8601 横浜市西区南幸1-6-31　tel.045-313-8244　　k. (株)千總 東京店　〒103-0011 中央区日本橋大伝馬町1番1号　tel.03-3662-3801 (代)
l. (株)マスダ増　〒103-0004 中央区東日本橋2-2-6　tel.03-5833-3220　　m. (有)マ・レルラ　〒371-0031 前橋市下小出町2-14-2-308 前橋アトリエ　tel.027-232-0108
n. 昌山坊　〒135-0047 江東区富岡2-10-11　シルクハイム富岡205　tel.03-3643-3435
o. (株)アライタダオエクセレンス　〒104-0051 中央区佃3-2-10　オーケンビル5F　tel.03-5560-8865

結う仕事の入門書、
新日本髪の教科書として、
活用してもらえたらとてもうれしいです。
結う仕事のもたらす喜びを分かち合える
仲間の輪が広がる予感で、
楽しく本作りができました。
小さなモデルさんたちに感謝します。

新 井 唯 夫

profile
1965年3月17日、東京浅草生まれ。
浅草高等美容学校卒業。
FÉERIE代表。美容研究全国新井会会長。
繊細な作品の原動力は、
たくましい海遊びと家族への愛。
www.tadaoarai.com

Art director
Hisashi Sakurai (sakurai office)

Designer
Midori Kondo (sakurai office)

Collage
Nobuyo Gouda

Printing director
Nobuyuki Hiuchi (toppan)

Stylist
Masayo Honda (syozanbo)
Hiroko (ferrie)

assistant
Kan Kanamaru
Yousuke Saito
Ichizo Kubo (feerie)

Photographer
Tadao Ikeda (shinbiyo)

Editor
Kyoko Yoshioka (shinbiyo)

753 Up Styling

定価／5,250円（本体5,000円）　検印省略
2004年10月1日　　第1刷発行
2009年5月30日　　第4刷発行

著者　　新井唯夫
発行者　長尾明美
発行所　新美容出版株式会社　〒106-0031　港区西麻布1-11-12
編集部　tel. 03-5770-7021
営業部　tel. 03-5770-1201　fax. 03-5770-1228
　　　　www.shinbiyo.com
振替　　00170-1-50321
印刷・製本　凸版印刷株式会社
ⓒTadao Arai & shinbiyo shuppan
printed in japan 2004